Dieses Buch gehört:

....

....

....

Das große Buch der Fünf-Minuten-Geschichten

Das große Buch der Fünf-Minuten- Geschichten

Bath · New York · Singapore · Hong Kong · Cologne · Delhi
Melbourne · Amsterdam · Johannesburg · Shenzhen

Inhalt

Max macht alles nach

Der kleine Tiger Max hatte eine schlechte Angewohnheit. Er war ein fürchterlicher Nachmacher! Er machte alles und jeden nach. Wenn der Papagei zum Beispiel rief: „Hallo Polly, hallo Polly! Wie geht's? Wie steht's?", wiederholte Max: „Hallo Polly, hallo Polly! Wie geht's? Wie steht's?"

Wenn der Papagei dann böse wurde und rief: „Sei still, Max, sei still, Max", wiederholte Max auch diese Worte. Man kann sich vorstellen, wie das erst den Papagei ärgerte!

Eines Tages ging Max auf Entdeckungsreise.
„Ich mache alles nach, was ich sehe", beschloss er. Und damit
ging der Ärger richtig los. Als Erstes sah er eine Fledermaus, die
zum Schlafen kopfüber im Baum hing. „Ich will auch so schlafen",
sagte Max. „Kannst du aber nicht", sagte die Fledermaus, „das
können nur Fledermäuse." „Hmmmm." Max dachte nach, kletterte
auf den nächsten Ast, legte die Füße darüber und ließ sich hängen.
„Gute Nacht", sagte er und schloss die Augen.
Aber auf einmal landete er mit einem lauten Plumps auf
dem Boden.

„Hab ich dir doch gleich gesagt!", sagte die Fledermaus. Max rappelte sich auf, lief weiter und traf einen Storch, der auf einem Bein stand.

„Warum tust du das?", fragte Max.

„Das ist bequem", sagte der Storch.

„Wie lange hältst du das aus?"

„Ewig!", meinte der Storch. „So können aber nur Vögel stehen."

„Hmmm." Max hob ein Bein.

„Und jetzt noch zwei", sagte der Storch. Max hob noch zwei Beine – und fiel um.

„Ich hab es dir doch gleich gesagt!", lachte der Storch.

Max rappelte sich auf, lief weiter und begegnete einem braunen Chamäleon, das auf einem grünen Blatt saß. Chamäleons sind tolle Tiere; sie können ihre Farbe wechseln. Das Chamäleon sah Max kom-

men und wurde so grün wie das Blatt. Max konnte es nicht mehr sehen.

„Wo bist du hingelaufen?", fragte Max und suchte überall.

„Ich bin noch da", sagte das Chamäleon. „Guck mal." Es sprang auf eine rote Blume und wurde … rot!

„Guck du mal", sagte Max und legte sich ins Gras. „Jetzt bin ich grün."

„Nein, bist du nicht", sagte das Chamäleon. „Nur Chamäleons können die Farbe wechseln."

„Hmmmm. Das glaube ich nicht." Schon wälzte Max sich eifrig im Schlamm hin und her.

„So, jetzt bin ich braun." Dann wälzte er sich in weißen Federn. Die Federn klebten am Schlamm fest.

„So, jetzt bin ich weiß."

„Das hält aber nicht", sagte das Chamäleon.

Max machte sich auf den Heimweg. Er kam an dem Storch vorbei, der immer noch auf einem Bein stand. Der Storch erkannte ihn nicht. Dann kam er an der Fledermaus vorbei, die noch immer kopfüber hing. Auch sie erkannte ihn nicht.

Spätabends kam er zu Hause an. Seine Geschwister spielten unten am Fluss. Sie sahen eine weiße Gestalt auf sich zukommen. „Wuu-huu!", heulte Max und tat so, als wäre er ein Gespenst. „Ich bin gekommen, um euch zu holen!" Vor lauter Angst sprangen die Tigerkinder in den Fluss und schwammen ans andere Ufer. „Wuu-huu!", heulte Max und verfolgte sie. Als er nass wurde, wusch das Wasser natürlich Schlamm und Federn ab. Seine Geschwister erkannten Max und wurden ziemlich wütend.
„Du hast uns erschreckt!"
„Das war doch nur ein Witz!"
Seine Geschwister waren erst bereit, ihm noch einmal zu verzeihen, als er versprach, nicht mehr alles nachzumachen.
„Na gut", sagte Max, und in diesem Augenblick meinte er es ernst.

Susi und die Nixe

Susi hatte Geburtstag, und ihre Eltern hatten ihr ein hübsches meerblaues Kleid mit passenden Schuhen geschenkt.

„Darf ich das schon anziehen?", fragte sie.

„Ja, aber mach dich nicht schmutzig", antwortete ihre Mutter. Susi probierte das Kleid und die Schuhe an, die wie der Fischschwanz einer Nixe schimmerten. Susi wollte immer schon eine Meerjungfrau sein. Sie lief zum Nixenfelsen, schaute aufs Meer hinaus und träumte von einem Leben als Nixe. „Das wünsche ich mir zum Geburtstag", dachte Susi.

Dann schloss sie die Augen. „Ich wünsche mir, ich wäre eine Meerjungfrau."

Als sie die Augen wieder aufschlug, war ihr Geburtstagskleid verschwunden – und stattdessen hatte sie einen Nixenschwanz! Susi konnte ihr Glück nicht fassen. Ihr Geburtstagswunsch war in Erfüllung gegangen.

Dann aber hörte Susi jemanden weinen. Sie sah sich um. Auf der anderen Seite des Nixenfelsens saß ein Wesen in einem blauen Kleid, das genauso aussah wie Susis neues Geburtstagskleid.

„Warum weinst du?", fragte Susi das kleine Wesen.

„Weil ich meinen Schwanz verloren habe. Ich bin eine Meerjungfrau, aber ohne Schwanz kann ich nicht nach Hause schwimmen."

Die Tränen der Nixe flossen ins Meer.

Auf einmal begriff Susi, was geschehen war. Durch ihren Geburtstagswunsch hatten sie und die kleine Meerjungfrau die Gestalt
getauscht. Susi erzählte der Nixe von ihrem Wunsch. „Wie kann
ich uns denn wieder zurückverwandeln?", fragte Susi.
„Wenn du meine Tränen aus dem Meer holst, hast du einen
neuen Wunsch frei", sagte die Meerjungfrau.

Susi glitt ins Meer. Jetzt, da sie eine Meerjungfrau war, fühlte sich das Wasser überhaupt nicht kalt an. Mit ihrem starken Nixenschwanz tauchte sie zügig zum Meeresgrund. Leider hatte sie keine Ahnung, wo sie nach den Tränen der Nixe suchen sollte. Als Susi die Meerestiere um Hilfe bat,

schauten Krebse und Fische, Hummer und Strandschnecken in alle möglichen Löcher und unter die Steine. Aber sie fanden keine einzige Träne, und Susi war verzweifelt.

Dann hörten sie: „Eins, zwei, drei, eins, zwei, drei …", und aus einer Unterwasserhöhle tanzte ein großer Krake mit einer langen Perlenkette! Beim Tanzen wirbelte er schwungvoll mit seinen acht langen Armen.

„Hallo, kleine Nixe!", rief der Krake.

„Kannst du mir helfen?", fragte Susi. „Ich suche nach Nixentränen, aber ich weiß nicht, wo ich anfangen soll."

„Oh! Nun, diese Perlen hier sind genau das, was du suchst. Das passiert nämlich mit den Tränen der Meerjungfrauen – sie verwandeln sich in Perlen! Ich schenke sie dir, wenn du mir hilfst, die Kette abzunehmen", sagte der Krake und lachte.

„Oh, vielen herzlichen Dank!", rief Susi und entwirrte die Perlenkette.

„Auf Wiedersehen, kleine Nixe!" Lachend und singend tanzte der Krake davon. „Eins, zwei, drei, eins, zwei, drei …"

Blitzschnell schwamm Susi mit den Perlen zum Nixenfelsen zurück. Die Nixe freute sich sehr. Susi schloss die Augen und wünschte sich etwas Neues. Sofort trug sie wieder ihr Kleid, und die Nixe hatte ihren Schwanz wieder.

„Danke, Susi", sagte die Nixe. „Hoffentlich sehen wir uns bald wieder."

Susi winkte zum Abschied, als die Nixe ins Meer sprang und fortschwamm. Anschließend lief sie nach Hause, wo schon der Geburtstagskuchen auf sie wartete. Sie sah an ihrem neuen Kleid hinunter. Zum Glück war es sauber geblieben, und vorne auf dem Kragen waren lauter kleine strahlende Perlen aufgenäht, die wie winzige Tränen aussahen.

Der kleine Mischling Monty

Monty war ein sehr neugieriger Hundejunge. Am liebsten ging er im Garten auf Entdeckungsreise. „Lauf nicht zu weit weg", warnte ihn seine Mama immer. Aber Monty hatte keine Angst, sich zu verirren. Er war ein mutiger Entdecker.

Eines Tages hielt ein großer Lastwagen vor dem Haus. Zwei Männer begannen, Möbel hinauszutragen. Der eine sagte etwas von einem Umzug, aber Monty wusste nicht, was das bedeutete.

Die Männer hatten das Gartentor offen stehen lassen. Unbemerkt schlich sich Monty hinaus.

Es war toll, sich durch die Gärten anderer Leute zu schnüffeln!
Monty fand viele leckere Sachen und herrlich riechende Dinge, in
denen man sich wälzen konnte.
Schließlich wurde Monty müde. Seinen Heimweg konnte er ohne
Schwierigkeiten erschnüffeln.

Aber zu Hause traute er seinen Augen nicht. Seine Mama und Geschwister waren verschwunden!
Monty war überrascht, aber er hatte keine Angst. Schließlich war er ein erfahrener Entdecker. Schnüffelnd machte er sich auf den Weg.

Im Park traf er einige Hunde.

„Wer bist du?", fragte einer von ihnen.

„Zu welcher Rasse gehörst du denn?", wollte ein anderer wissen.

Monty wusste nicht, welche Frage er zuerst beantworten sollte, also starrte er die anderen nur stumm an.

„Also, ein Pudel ist er nicht", erklärte der erste Hund hochnäsig. Monty fand, dass dieser aussah wie ein Wattebausch. „Dafür ist er zu struppig."

„Ein Dackel ist er auch nicht", meinte ein anderer Hund. Monty hätte beinahe laut losgelacht. So etwas Langes hatte er noch nie gesehen.

„Er ist auch kein Bobtail", bellte ein dritter Hund. „Dafür hat er zu wenig Fell."

„Hm", knurrte ein vierter Hund mit platter Nase. Er wanderte einmal um Monty herum und begutachtete ihn von allen Seiten.

Dann blieb er stehen und zuckte die Achseln. „Ich glaube nicht, dass er zu einer bestimmten Rasse gehört. Ich glaube, er ist ein Mischling."

„Ja!", bellte Monty. Der Name gefiel ihm.

„Tja", sagte der Wattebausch spitz, „dann sollte er am besten mit Streuner spielen."

Der lange Hund schob Monty in Streuners Richtung. Streuner war der hübscheste Hund, den Monty je in seinem Leben gesehen hatte. Er hatte kurze Beine, lange Ohren und einen tollen Ringelschwanz. Der schöne Hund sah Monty freundlich an.

„Nimm sie nicht so ernst", sagte er. „Sie wollen dir eigentlich nur helfen."

Monty schleckte Streuner kurz durchs Gesicht, dann erzählte er ihm, was geschehen war.

„Lass uns ein wenig im Park die Wege ausschnüffeln", sagte Streuner. „Vielleicht finden wir deine Familie."

Monty hielt die Nase aufmerksam in die Luft. Plötzlich witterte er einen sehr vertrauten Geruch.

Und gleich darauf hörte er ein wohlbekanntes Bellen. Einen Augenblick später schoss ein riesiger brauner Hund aus einem der Häuser am Park.

„Lauft um euer Leben!", quietschte der Wattebausch aufgeregt.

„Hilfe! Ein Riese!", schrie die Plattnase.

„Mama!", rief Monty.

„Monty!", bellte Mama. „Mein Monty, Gott sei Dank ist dir nichts passiert."

„Streuner hat auf mich aufgepasst", sagte Monty fröhlich.

„Du bist ja gar kein Mischling", meinte da Streuner lachend. „Du bist ein Doggenwelpe."

Die Geschichte der zwei Prinzessinnen

Vor langer Zeit lebten zwei Prinzessinnen, die Zwillingsschwestern waren und auf die Namen Charmina und Charlotte hörten. Obwohl Zwillinge, waren sie ganz unterschiedlich, ja sogar völlig gegensätzlich. Prinzessin Charmina war zu allen nett und freundlich. Stets knickste sie höflich vor dem König und der Königin. Sie hielt auch brav still, als die königlichen Schneider kamen und sie ihr neues Ballkleid anprobieren ließen.

Prinzessin Charlotte war ganz anders.

„Muss ich mich denn herausputzen wie ein Pfau?", murrte
Charlotte, als sie ihr neues Ballkleid anprobieren sollte.

„Wie kannst du es wagen, so mit uns zu sprechen", empörten sich
ihre Eltern.

Aber Charlotte traute sich noch ganz andere Dinge. Sie lief zum
Beispiel durch die Gärten, barfuß und bis ihr Haar völlig zerzaust
war. Dabei trug sie nur ihre schäbigsten Kleider. Sie benahm sich
überhaupt nicht wie eine Prinzessin.

Eines Tages sollte im Palast ein Ball stattfinden. Als Ehrengäste waren zwei Prinzen aus dem benachbarten Königreich eingeladen. Die beiden Prinzessinnen in ihren neuen Ballkleidern standen bei den Vorbereitungen nur im Weg. „Geht doch ein wenig spazieren, bis die Gäste eintreffen", schlug die Königin ihnen vor. „Aber bleibt zusammen, macht euch nicht schmutzig und kommt nicht zu spät!"

Die beiden Prinzessinnen spazierten bis ans Ende der Palastgärten. „Lass uns in den Wald gehen", ermunterte Prinzessin Charlotte ihre Schwester. „Ich denke, das sollten wir lieber nicht tun", erwiderte Prinzessin Charmina. „Unsere Kleider könnten schmutzig werden." Doch Prinzessin Charlotte hatte sich schon auf den Weg gemacht.

„Warte!", rief Prinzessin Charmina. „Wir müssen zusammen-
bleiben." Tiefer und tiefer gelangten sie in den Wald. Das Laub
raschelte unter ihren Füßen, und sie lauschten dem Gezwitscher
der Vögel.

„Jetzt sollten wir aber wirklich zurückgehen", sagte Prinzessin
Charmina zu ihrer Schwester, „denn sonst kommen wir noch zu
spät zum Ball."
In dem Augenblick vernahmen sie ein seltsames Geräusch. „Bitte,
lass uns umkehren!", rief Prinzessin Charmina verängstigt.
„Vielleicht ist jemand in Not", wandte Prinzessin Charlotte ein.
„Dann müssen wir hingehen und helfen."
Obwohl Prinzessin Charmina sich fürchtete, stimmte sie zu.
„Keine Sorge, wir werden rechtzeitig zum Ball daheim sein",
versicherte Prinzessin Charlotte.
Schließlich fanden sie zwei Pferde auf einer Lichtung, aber von
den Reitern fehlte jede Spur. Da hörten sie eine Stimme rufen:
„Hallo, ist da jemand?"

Zunächst konnten die Schwestern nicht feststellen, woher der Ruf kam. Dann entdeckten sie auf der Lichtung eine tiefe Grube – eine alte Bärenfalle! Die Prinzessinnen spähten hinein. Überrascht schlug sich Prinzessin Charmina die Hand vor den Mund. Prinzessin Charlotte brach in Gelächter aus. Dort unten in der Grube saßen zwei Prinzen.

„Guten Tag", grüßte der eine Prinz höflich. „Was steht ihr herum?", fragte der andere Prinz. „Helft uns heraus!"

Die Prinzessinnen fanden ein Seil und warfen dem Prinzen ein Ende zu. Schon bald waren die Prinzen gerettet und alle vier gingen gemeinsam zum Palast.

Bei ihrer Rückkehr fanden sie alle im Palast in heller Aufregung vor. Der König und die Königin waren verärgert, weil ihre Töchter so spät und verschmutzt zurückkamen. Doch ihr Ärger wich schnell großer Freude, als die beiden Prinzen erzählten, was geschehen war.

Der Ball wurde ein großer Erfolg. Die beiden Prinzessinnen tanzten die ganze Nacht hindurch mit den Prinzen. Und weißt du was? Von dem Tag an achtete Charlotte etwas mehr auf ihre Kleidung und ihre Haare, und Charmina wurde etwas wagemutiger als früher.

Fünkchen und das Drachenbaby

Fünkchen war ein junger Drache, der weit, weit weg in einer Höhle lebte. Wie du weißt, können Drachen durch ihre Nasenlöcher Feuer speien.

Aber weißt du auch, dass kleine Drachen das erst lernen müssen? „Schau mir gut zu!", sagte die Drachenmutter. Sie stieß eine Flamme aus und zündete eine Kerze daran an.

„Jetzt sieh mir zu", forderte der Drachenvater seinen Sohn auf und blies über die Holzscheite im Kamin. Und schon loderte ein Feuer auf. „Und jetzt ich", sagte der Sohn und blies, bis er ganz rot im Gesicht war. Zwei, drei kleine Funken stoben aus seinen Nasenlöchern und Ohren.

„Bravo!", lobte ihn sein Vater.

„Bald hast du's raus", sagte seine Mutter.

Fünkchen war stolz auf sich.

Eines Tages mussten seine Eltern ihn für längere Zeit allein lassen.

„Bleib schön in der Höhle", ermahnten sie Fünkchen. „Geh nicht hinaus, und lass niemanden herein!"

„Warum denn?", fragte Fünkchen.

„Wegen der bösen Hexe", erklärte seine Mutter. „Sie kann nämlich kleine Drachen nicht leiden und verwandelt sie in Teekannen – einfach so, aus Spaß!"

„Ach", sagte Fünkchen. Doch im Grunde machte es ihm nichts aus, zu Hause zu bleiben, denn er wollte mit seinen neuen Ritter-figuren spielen.

Bald hörte er draußen eine Glocke. Bimmelimm, klingelte es, Bimmelimm. Dann rief eine Stimme: „Eis! Leckeres Eis! Kommt und holt es euch!"

Fünkchen spähte hinaus. Draußen sah er einen bunt bemalten Eiswagen. Hinter dem Lenker saß eine alte Frau, die über das ganze Gesicht grinste.

„Komm, hol dir dein Eis, Fünkchen", zwitscherte sie und lachte gackernd. Als Fünkchen das hörte, wusste er, dass sie die Hexe war. Er knallte die Tür zu und verriegelte sie. Erbost radelte die Hexe davon.

„Puh", dachte Fünkchen, als er sich wieder zu seinen Spielzeug-rittern und Minidrachen setzte, „das war knapp." Und eine Weile spielte er zufrieden.

Wenig später klingelte es an der Tür. „Wer ist da?", rief Fünkchen. „Onkel Jakob", rief eine Stimme. „Ich wollte dich zum Angeln abholen."

Fünkchen mochte Onkel Jakob gern, und Angeln machte ihm großen Spaß. Er ging zur Tür, um zu öffnen, aber dann zögerte er. „Bist du es auch wirklich?", fragte er.

„Ja, klar!", lachte Onkel Jakob gackernd. Doch als Fünkchen dieses laute, gackernde Lachen hörte, erkannte er wieder die Hexe. „Hau bloß ab!", rief er. „Verschwinde!"

Kurz darauf hörte er jemanden weinen. Er schaute durch das Schlüsselloch und sah ein Drachenbaby vor der Tür sitzen. „Ich habe meine Mama verloren", schluchzte das Drachenbaby jämmerlich und herzerweichend. „Na, dann komm' erst einmal herein", sagte Fünkchen. Er öffnete die Tür. Das Drachenbaby sauste hinein und ... verwandelte sich in die Hexe! Fünkchen schluckte.

Die Hexe hob ihren Zauberstab, rief das Zauberwort „Ta-ra-ra-bumm-di-dumm", und begann, sich wie ein Kreisel zu drehen. Fünkchen kniff die Augen zu und schnaubte, so fest er nur konnte. Als er die Augen wieder öffnete, erlebte er eine Überraschung. Die Hexe war vollkommen in Rauch eingehüllt.

Erstaunt sah Fünkchen zu, wie der Rauch sich verzog. Und ob du es glaubst oder nicht: Die Hexe hatte sich in eine hellblaue Teekanne verwandelt! In diesem Augenblick kamen die Drachen-eltern zurück.

„Na, gab es Ärger, als wir fort waren?", fragte die Mutter und gab Fünkchen einen dicken Kuss.

„Eigentlich nicht", antwortete Fünkchen. „Aber wenn ihr nächstes Mal weggeht, nehmt ihr mich mit?"

„Gerne!", sagte die Mutter. „Und jetzt koche ich uns erst einmal einen Tee in dieser hübschen neuen Kanne!"

Die Zahnfee

Tabea war fast fünf Jahre alt. Sie zählte schon die Tage bis zu ihrem Geburtstag, weil ihre Mama ihr eine Gartenparty versprochen hatte. Eine Party mit Kuchen, Luftballons und einem Clown. Sie hatte all ihre Freunde eingeladen.

Es gab nur ein Problem: Tabeas obere Schneidezähne wackelten. Sie gaben nach, wenn sie zubiss. Wie sollte sie bloß die Leckereien auf der Party essen?

„Mama", fragte sie zum ungefähr hundertsten Mal, „glaubst du, dass meine Wackelzähne noch vor der Party rausfallen?"

„Sie fallen raus, wenn es so weit ist", sagte ihre Mutter und lächelte.

Eines Nachts wachte Tabea plötzlich auf. Die Vorhänge waren nicht zugezogen, und silbern schien das Mondlicht auf ihr Bett. Aber da war noch etwas! Auf Tabeas Kopfkissen saß – na, hast du es schon erraten? – eine Fee! Sie war winzig, trug ein glänzendes Kleidchen, hatte hellgelbe Flügel und einen Zauberstab in der Hand.

Tabea traute ihren Augen kaum. Sie starrte die Fee an – und die Fee starrte zurück. Die Fee brach das Schweigen.

„Kannst du mich sehen?", fragte sie. „Ja."

„Das ist seltsam. Normalerweise bin ich unsichtbar."

„Bist du die Zahnfee?", fragte Tabea.

„Ja, ich heiße Bobo", sagte die Zahnfee. „Ich brauche noch zwei kleine Schneidezähne als Ersatz für meine Klaviertasten."

Tabea zeigte Bobo ihre beiden Schneidezähne. Sie wackelten unheimlich.

„Hoffentlich fallen sie vor meinem Geburtstag raus", sagte Tabea.

„Sie fallen raus, wenn es so weit ist", sagte Bobo. „Wenn sie rechtzeitig rausfallen, komme ich mit meinem Klavier zu deiner Party!"

Am nächsten Tag schaute Bobo kurz ins Spielzimmer, als Tabea gerade einen Kopfstand machte.

„Was machst du denn da, Tabea?"

„Wenn ich den ganzen Tag so bleibe", antwortete Tabea, „könnten meine Zähne doch rausfallen, oder?"

Am Nachmittag beobachtete Bobo, hinter einer Obstschale verborgen, wie Tabea ihren Käsetoast mit Kruste und allem aufaß. Aber die Zähne wollten immer noch nicht rausfallen!

„Putz dir doch mal die Zähne", flüsterte Bobo, als Tabea ins Bett gehen wollte.

„Genau. Dann klappt's bestimmt!" Tabea putzte und schrubbte und tat, was sie konnte, aber die Wackel- zähne blieben stehen.

Einen Tag vor ihrem Geburtstag fielen die Schneidezähne endlich aus! Und es tat kein bisschen weh.

„Guck mal!", sagte sie zu ihrer Mama, sperrte den Mund auf und zeigte ihr die riesige Lücke.

„Oh, wie unheimlich!", lachte ihre Mama und tat so, als hätte sie Angst.

„Die kriegt Bobo", sagte Tabea und zeigte ihrer Mutter die Zähne.

„Wer ist Bobo?"

„Die Zahnfee natürlich!"

An diesem Abend ging Tabea früh ins Bett. Ihre Zähne legte sie unter das Kopfkissen.

„Ich mache nur mal kurz die Augen zu", dachte sie, „ich schlafe schon nicht ein."

Als Bobo später hereinkam, war Tabea doch eingeschlafen. Bobo flüsterte sogar ihren Namen, aber Tabea schlief tief und fest. Sie wachte erst auf, als die Sonne am nächsten Morgen hell durch die Vorhänge schien.

Als Erstes schaute sie unter dem Kopfkissen nach. Die beiden Zähne waren tatsächlich fort! Stattdessen lagen dort zwei Münzen.

Die Party zu Tabeas fünftem Geburtstag war das schönste Fest, das man sich vorstellen kann. All ihre Freunde kamen. Es gab Wackelpudding und Eis und Luftballons – und der witzigste Clown kam, den sie je gesehen hatte.

Ihre Freunde sangen so laut „Happy Birthday", dass ihre Mama sich die Finger in die Ohren steckte. Aber nur Tabea konnte hören, wie die winzige Fee Klavier spielte und mit ihrem silber-hellen Stimmchen „Happy Birthday" sang.

schlauer Bobo

Bobo war ein sehr schlaues Schweinchen. Und du musst wissen: Es gibt nicht viele schlaue Schweine. Sie können nicht rechnen. Sie können keine Schnürsenkel binden. Jeden Tag bekommen sie Schweinefutter, und was sagen sie? „Oink, Oink, Schweinefutter! Mein Lieblingsfressen!" Ihnen fällt gar nicht auf, dass es immer dasselbe ist.

Aber Bobo erinnerte sich an alle ekligen Mahlzeiten, die er je bekommen hatte, und er hatte endgültig genug von Schweinefutter. Es schmeckte wie durch den Fleischwolf gedrehter Abfall!
Bobo wohnte in einem Schweinestall ganz für sich allein. Der Stall hatte ein Dach, das den Regen abhielt, und ein kleines Gehege, in dem er spielen konnte. Auf dem Feld vor dem Schweinestall lebten ein Schaf, ein Pferd und eine Kuh. Es gab auch ein paar Bäume dort, aber die standen weit weg.
Eines Tages fielen von dem größten Baum Eicheln herab.
Der Baum stand weit weg von Bobos Stall, doch ein paar der Eicheln kullerten bis zu ihm herüber. Von einem anderen Baum fielen Äpfel, und einer von ihnen rollte und rollte, bis er in Bobos Stall landete.

Nun fressen Schweine normalerweise alles um sie herum: das Gras, die Wurzeln, Würmer, Brennnesseln, einfach alles! Denn sie denken, dass alles außer dem Schlamm Fressen sein muss. Also fraß Bobo auch die Eicheln.

Bobo fand die Eicheln köstlich. Dann fraß er den Apfel. Noch nie in seinem Leben hatte er etwas so Leckeres bekommen! Er wollte alle Eicheln und alle Äpfel haben. Sie hingen ganz in seiner Nähe, doch für ihn waren sie unerreichbar. Nun war Bobo ja ein wirklich schlaues Schwein, und so hatte er plötzlich eine Idee.

Neben Bobos Schweinestall befand sich ein alter Unterstand, der völlig verfallen war. Ziegelsteine und Holzbretter lagen dort herum, ebenso Teile eines Wellblechdachs.

Bobo sagte zu der Kuh: „Würdest du dieses Stück Wellblech für mich verschieben? Wenn du das tust, gebe ich dir etwas von meinem Futter ab."

„Ich habe genug Gras zu fressen", sagte die Kuh.

„Aber das ist doch nur einfaches Gras", meinte Bobo. „Ich habe hier leckere Futterklümpchen!"

„Na gut!", sagte die Kuh. Sie schob das Stück Wellblechdach unter den Apfelbaum.

„So! Ist das die richtige Stelle?"

„Schieb es noch ein wenig weiter den Stamm hinauf, und jetzt drehe es in meine Richtung … ja, sehr gut!"

Bobo gab der Kuh etwas von seinem Schweinefutter ab. Die Kuh kaute endlos lang darauf herum, bis sie bemerkte, dass es eigentlich nach gar nichts schmeckte. Sie spuckte es aus.

„Bah! Das schmeckt ja wie durch den Fleischwolf gedrehter Abfall!", sagte sie und trottete davon.

Bobo sagte zu dem Pferd: „Würdest du dieses Fass für mich verschieben? Dann gebe ich dir etwas von meinem Futter ab." „Ich habe genug Gras zu fressen", sagte das Pferd. „Aber das ist doch nur grünes Gras", wandte Bobo ein. „Ich habe hier Schweinefutter in leckeren braunen Klümpchen!" Also schob das Pferd das Fass dorthin, wo Bobo es haben wollte, und bekam dafür das restliche Schweinefutter. „Igittigitt!", rief das Pferd, nachdem es probiert hatte. „So etwas Scheußliches frisst du?"

Bobo sah das Schaf an. Das Schaf sagte: „Ich weiß schon – du willst, dass ich auch etwas für dich verschiebe, stimmt's? Aber dafür habe ich auch eine Bitte: Gib mir nichts von deinem Schweinefraß!"

Das Schaf schob das Abflussrohr zu der Stelle, die Bobo ihm zeigte. Und als der nächste Apfel fiel, rollte er das Wellblechdach hinunter in das Abflussrohr und flog geradewegs in Bobos Stall! Und schon bald flogen lauter Äpfel und Eicheln hinterher. Bobo flitzte umher und schnappte Äpfel und Eicheln auf, bevor sie überhaupt den Boden berührten. Und so lange die Eiche und der Apfelbaum Früchte trugen, brauchte er kein Schweinefutter zu fressen.

Rotkäppchen

Es war einmal ein kleines Mädchen, das lebte mit seiner Mutter am Rande eines tiefen, dunklen Waldes. Alle nannten das Mädchen „Rotkäppchen", weil es stets einen Umhang mit einem leuchtend roten Käppchen trug. Eines sonnigen Tages sagte die Mutter: „Deine Großmutter liegt krank im Bett. Bring ihr diesen Korb mit Leckereien, dann wird es ihr bald besser gehen."
„Das will ich gerne tun", sagte Rotkäppchen.
„Vergiss aber nicht", mahnte die Mutter, „auf dem Weg zu bleiben und mit keinem Fremden zu sprechen."

Fröhlich machte sich Rotkäppchen auf den Weg zum Haus der
Großmutter. Da sprang ein hässlicher Wolf mit blitzenden Zähnen
und langen, scharfen Krallen aus dem Wald hervor und verstellte
ihm den Weg.

„Na, meine Kleine", sagte der Wolf, „wo willst du denn hin an
diesem schönen Morgen?"

„Guten Morgen", sagte Rotkäppchen höflich. „Ich besuche meine
Großmutter. Sie wohnt auf der anderen Seite des Waldes und
liegt krank im Bett. Aber jetzt entschuldige mich, ich darf nicht
mit Fremden sprechen."

„Aber natürlich", heuchelte der listige Wolf. „Du hast es gewiss
eilig. Aber willst du deiner Großmutter nicht einen großen Strauß
Blumen pflücken?"

„Oh ja, lieber Wolf, das ist eine gute Idee," sagte Rotkäppchen und stellte sogleich den Korb ab. „Großmutter liebt Blumen sehr." Während Rotkäppchen einen Strauß duftender Blumen pflückte, rannte der böse Wolf durch den tiefen, dunklen Wald und stand schon bald vor dem Haus der Großmutter. Er griff nach dem Tür-klopfer und schlug damit heftig gegen die Tür.

Großmutter setzte sich im Bett auf. „Wer ist da?", fragte sie überrascht.

„Ich bin's, dein Rotkäppchen", antwortete der Wolf mit verstellter Stimme.

„Hallo, mein Liebes", rief Großmutter erfreut. „Die Tür ist offen – drück nur die Klinke und komm herein."

Der Wolf öffnete die Tür, sprang zum Bett und verschlang die Großmutter. Dann streifte er ihr Nachthemd über, setzte ihre Haube auf, kroch unter die Bettdecke und wartete auf Rotkäppchen.

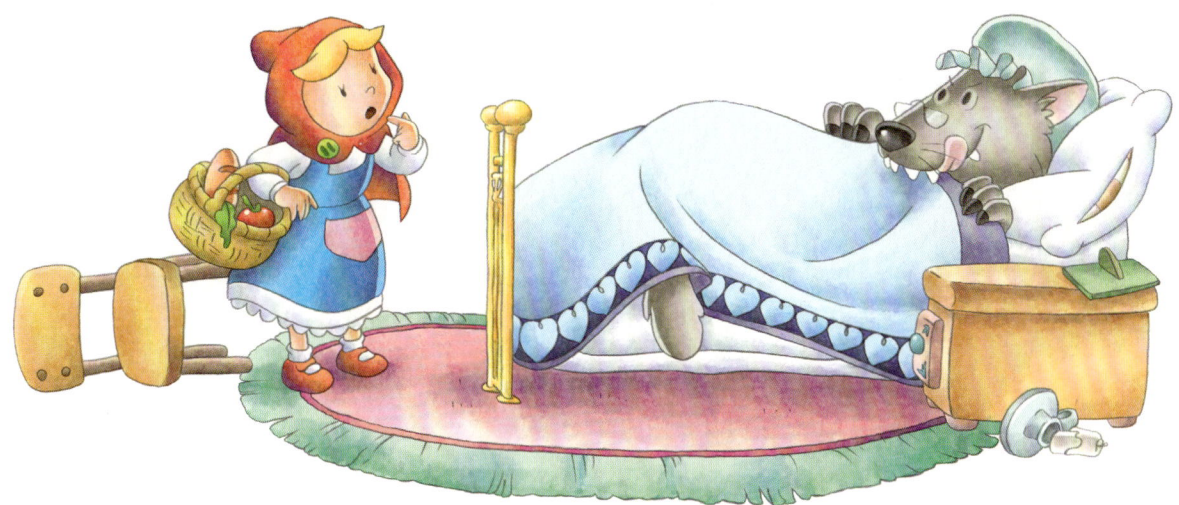

Es dauerte nicht lange, da klopfte Rotkäppchen an die Tür.

„Wer ist da?", rief der Wolf mit einer Stimme, die so klang wie die der Großmutter.

„Ich bin's, Großmutter", kam die Antwort von draußen, „dein Rotkäppchen."

„Hallo, mein Liebes", rief der Wolf. „Die Tür ist offen – drück sie nur auf und komm herein."

Also öffnete Rotkäppchen die Tür.

Doch als es ins Zimmer trat, traute es seinen Augen nicht. „Ei, Großmutter, was hast du für große Ohren?"

„Damit ich dich besser hören kann", antwortete der Wolf.

„Ei, Großmutter", fragte Rotkäppchen, „was hast du für große Augen?"

„Damit ich dich besser sehen kann", sagte der Wolf.

„Ei, Großmutter", fragte Rotkäppchen, „was hast du für große Hände?"

„Damit ich dich besser packen kann!", antwortete der Wolf.

„Ei, Großmutter", rief Rotkäppchen, „was hast du für große Zähne?"

„Damit ich dich besser fressen kann, mein Kind!"

Kaum hatte der Wolf das gesagt, sprang er aus dem Bett und
verschlang das Rotkäppchen mit einem Happs.
Zufällig kam an diesem Morgen ein Holzfäller am Haus der
Großmutter vorbei. Sein Weg führte ihn quer durch den Wald.
Und da er wusste, dass die Großmutter krank im Bett lag,
wollte er nach ihr sehen. Der Holzfäller staunte nicht schlecht, als
er den zotteligen Wolf im Bett der Großmutter entdeckte – und
der schlief tief und fest!

Als der Holzfäller den dicken, runden Bauch des Wolfes sah, ahnte er sofort, was geschehen war.

Mit einer Axt öffnete er den Bauch des Wolfes und Großmutter und Rotkäppchen sprangen heraus – erstaunt und erschrocken, aber unversehrt.

Darauf schleppte der Holzfäller den Wolf aus dem Haus und warf ihn in einen tiefen, dunklen Brunnen, damit er nie wieder jemandem etwas zuleide tun konnte. Dann setzte er sich mit Großmutter und Rotkäppchen an den Tisch – und zusammen verspeisten sie all die Leckereien aus Rotkäppchens Korb.

Bald darauf begab sich Rotkäppchen auf den Heimweg. Zum Abschied winkte es der Großmutter und dem Holzfäller noch einmal zu – und lief schnurstracks nach Hause zu seiner Mutter, ohne vom Weg abzukommen oder mit jemandem zu sprechen!

Die Küken

Die Ente und die Henne hatten beide mehrere Eier gelegt. Sie waren sehr stolze Mütter. Mit seligem Lächeln saßen sie da und warteten darauf, dass ihre Küken aus den Eiern schlüpften.

„Ente", sagte die Henne, „lass uns die Eier nebeneinander legen und sehen, wer die schönsten hat."

„Wenn du magst", antwortete die Ente. „Aber ich weiß schon jetzt, dass meine die schönsten sind."

„Ha! Warte, bis du meine siehst!", sagte die Henne. Behutsam trug die Ente ein Ei nach dem anderen zu einer Stelle mit weichem Heu. Die Henne trug ihre Eier zu derselben Stelle und legte sie vorsichtig neben die Eier der Ente. Die Ente hob das erste Ei auf ihrer Seite hoch.

„Sieh dir nur dieses Ei an! Wie wunderbar glatt es ist!", schwärmte sie. Beide äußerten ihre Bewunderung darüber, wie glatt das Ei war. Die Henne nahm eines von ihren Eiern hoch.

„Dieses hier ist auch schön glatt ... und rund obendrein! Sieh dir nur die wunderschöne Form dieses Eis an!" Beide betrachteten die Form des Eis. Dann legten sie die Eier zurück und hoben zwei weitere auf.

Die Ente sagte: „Dieses hier ist glatt und formschön, und es hat niedliche Punkte."

Als auch das letzte Ei aufgehoben und wieder zurückgelegt worden war, lagen alle Eier durcheinander!

Da meinte die Henne: „Ich bin dicker als du, also sind die größeren bestimmt meine Eier." Uns so suchte die Ente die kleineren Eier heraus und legte sie zurück in ihr Nest. Die Henne nahm die größeren Eier und brachte sie in ihres. Dann bebrüteten sie die Eier, bis die ersten flauschigen Küken schlüpften.

Eines Tages trafen sich die Ente und die Henne mit ihren Küken. „Sieh nur", sagte die Ente stolz, „sind dies nicht die hübschesten Entlein, die du je gesehen hast?"

„Sie sind wirklich ganz entzückend", stimmte die Henne zu. „Aber findest du nicht, dass meine die süßesten Küken auf der ganzen Welt sind?" „Sie sind wirklich allerliebst!", bestätigte die Ente.

Am nächsten Tag brachte die Ente ihren Jungen bei, wie sich Entenküken zu benehmen haben.

„Lauft immer hinter mir her, eines nach dem anderen", ermahnte sie die Kleinen. „Wir gehen jetzt zum Teich, damit ihr Schwimmen lernt."

Doch die Küken konnten einfach nicht in einer Reihe laufen. Stattdessen wuselten sie immer um ihre Mutter herum.

Sie liefen im Zickzack und kreuz und quer, bis der Ente allein vom Zusehen ganz schwindelig wurde. Als sie zum Teich kamen, tauchten die Küken ihre Füße ins Wasser, schüttelten energisch die Köpfchen und weigerten sich, hineinzugehen.

Unterdessen brachte die Henne ihren Jungen bei, wie sich Hühnerküken zu benehmen haben. Sie zeigte ihnen, wie man mit den Füßen scharrt und rückwärts hüpft, damit die Würmer aus dem Boden kommen. Aber die Küken konnten es nicht nachmachen! Stattdessen fielen sie immer wieder auf die Nase. Die Henne wollte sie lehren, kreuz und quer über den Hof zu spazieren und sich ihr Futter selbst zu suchen. Doch die Küken liefen stets in einer langen Reihe hinter der Henne her.
Sobald die Henne ihnen den Rücken kehrte, hüpften die Küken in die Wasserschüssel des Hundes und wollten gar nicht mehr herauskommen!

Die Küken

Troll, der Hund, lag neben seiner Schüssel. Er öffnete kurz ein Auge, schien jedoch nichts gegen die Küken in seinem Napf zu haben. Er trank ohnehin lieber aus Pfützen.

Die Ente und die Henne trafen sich, um die Lage zu besprechen. Inzwischen war ihnen klar, dass sie ihre Eier vertauscht hatten. Die Entenküken waren in Wahrheit Hühnchen und die Hühnerküken kleine Entchen.

„Und wenn schon", sagte die Henne. „Alle sind Küken, also macht es keinen Unterschied."

„Eines haben wir jedoch festgestellt", meinte die Ente. „Alle Küken sind gleich hübsch. Hätten wir sie sonst vertauscht?" Und so spielten die Entchen in der Hundeschüssel ... und die Hühnchen auf dem Hund.

Tag des Sports

Die Sonne kam langsam durch das Drunter-und-Drüber in der Schmuddelgasse. Es war viel zu früh zum Aufwachen – oder etwa nicht?

Lenny, der kleine Kater, öffnete vorsichtig die Augen und grinste – tatsächlich: Zeit zum Aufstehen.

„Steh auf, Schlafmütze!" schrie er Lulu, seine Zwillingsschwester, an. „Das wird ein Spitzentag zum Umherjagen und Springen."

Und er drehte eine erste Runde um die Mülltonnen.

„Okay, Lenny", gähnte Lulu noch halb im Schlaf, „ich komm ja schon."

„Lass uns etwas Lustiges machen", rief Lenny. „Zum Beispiel Springen." Schnaufend und pustend stapelten die zwei Kätzchen einige Kisten übereinander und legten einen Stock über die Lücke. Lenny sprang zuerst. „Juchuu!", rief er. „Ich springe höher als du – wetten?"

Da fiel Lulus Blick auf einen alten, zerbeulten Ball. „Wetten: Ich werf ihn weiter als du!" „Ach was", gab Lenny zurück, nahm den Ball auf und warf den besten Wurf aller Zeiten – und traf damit Onkel Bert mitten auf den Kopf!

Die zwei Kätzchen sprangen auf und davon, so schnell sie nur konnten, bis sie am Ende der Gasse hinter alten Kartoffelsäcken ein Versteck fanden.

„Puuh! Die stinken ja fürchterlich!", sagte Lulu.

Plötzlich hatte Lenny eine Idee ... Er stellte sich in einen Kartoffelsack, zog ihn bis über den Bauch und begann, damit herumzuspringen.

Lenny hopste und hüpfte, Lulu kicherte und kullerte, und sie jagten einander die Gasse entlang.

„Ich gewinne!", kreischte Lulu. „Ich gewinne!"

„Ach was!", rief Lenny und sprang den besten Sprung aller Zeiten – mitten hinein in einen Stapel alter Kisten, die direkt über Vetter Archie zusammenkrachten.

„Uuh!", stöhnte Lenny leise, „das gibt Ärger."
Onkel Bert und Vetter Archie
waren verärgert. Sie stapf-
ten davon, um Hattie,
die Mutter der zwei
Katzenkinder, zu
suchen.
„Deine Zwillinge
sind soo frech",
beklagten
sie sich. „Du
musst sie zur
Vernunft brin-
gen!"
Hattie seufzte.
Als sie vier Katzen-
ohrenspitzen hinter
einer Gießkanne erblickte, schlich sie auf Zehenspitzen auf sie
zu. „Zeit zum Rauskommen!" donnerte sie. Aber Hattie war nicht
richtig böse.

Sie kannte doch ihre Kinder und
wusste, dass sie nur spielen
wollten. „Ich hab eine Idee",
sagte sie. „Wir veranstalten einen Tag des
Sports! Dann kann
jeder nach Lust
und Laune toben,
rennen und
hüpfen!"

Im Laufe des Tages erklärte Hattie ihre Idee auch den Gassen-
hunden, die sofort begeistert waren. Und schon bald hatte sie
alles organisiert und jeden dafür gewonnen!
„Wir machen lauter Wettrennen", rief Lenny aufgeregt. „Hüpfren-
nen, Hopsrennen, Hinkelrennen, Hindernisrennen – und
Sackrennen!"
„Okay! Alle Mann soweit?", rief Hattie. „Auf die Plätze! ... Fertig? ...
„Ehem, Hattie?", fragte Vetter Archie und kam zögernd hinter
dem Zaun hervor. „Kann ich mitmachen?"
„Wir auch?" schrien Onkel Bert und Tante Lucy wie aus einer Kehle.
„Aber natürlich", lachte Hattie.
„Auf die Plätze! ... Fertig? ... Los!"
Vetter Archie und Onkel Bert rannten die Gasse hinauf und lie-
fen gemeinsam ins Ziel. „Archie und Bert sind die Gewinner!", rief
Hattie. „Zeit für das Sackrennen!"

Alle kletterten in ihre Säcke. Lenny und Lulu aber waren bereits losgehüpft, bevor ihre Mutter „Los!" gerufen hatte.

„Hey!", schrie Hattie, „kommt zurück, ihr Zwei, das ist gemogelt!" Aber zu spät – alle anderen waren bereits in ihren Säcken hinter den Katzenzwillingen hergehoppelt.

„Sto-op!" brüllte Hattie. Lenny und Lulu hielten an – doch niemand außer ihnen! Und so fielen alle übereinander in ein großes Gassen-Hunde-und-Katzen-Gewimmel.

Niemand war verletzt, doch alle waren müde.

„Das war der beste Tag des Sports aller Zeiten!", sagte Harry.

Hattie betrachtete das Drunter-und-Drüber.

„Du hast recht", lachte sie. „Und morgen spielen wir ein anderes Spiel. Es heißt: Aufräumen-und-Saubermachen!"

„Oh nein!", stöhnten sie, und lautes Bellen und Miauen füllte die Luft in der Schmuddelgasse ... und dann lachten alle.

Mollys Pulli

Molly, das Schaf, und Quiek, das Schwein, wollten den anderen beibringen, wie man strickt. Molly war sehr geschickt im Stricken. Nur brauchte sie ihren Freund Quiek für die Vorbereitung der Wolle. Quiek konnte nicht stricken, kein bisschen, aber keiner konnte so gutes Strickgarn spinnen wie er.

Aus Wolle muss zunächst Garn gesponnen werden, erst dann kann man etwas daraus stricken. Beim Spinnen wird die Wolle zu einem gleichmäßigen Faden gezwirbelt. Das war Quieks Aufgabe. Er sammelte all die losen Woll- büschel, die an dornigen Sträuchern auf dem Hof hängen blieben, und spann aus ihnen wunderschöne lange Fäden. Molly strickte aus Quieks Garn lauter hübsche Sachen. Sie strickte Wollsocken, Wollmützen und die besten Wollpullover der Welt!

Molly und Quiek saßen nah beieinander. Das Schwein lehnte mit dem Rücken an einer niedrigen Hecke, und das Schaf saß auf der anderen Seite. Quiek zupfte Büschel von einem Stapel Wolle unter der Hecke hervor. Auf seinem Spinnrad spann er die Wolle, bis er Garnfäden hatte, die lang genug zum Stricken waren.

Dann reichte er Molly das Fadenende. Molly legte den Faden in Schlingen um zwei dicke Stricknadeln. Und dann fing sie an zu stricken.

„Eins rechts, eins links, zwei zusammen", murmelte sie vor sich hin. Nur Strickerinnen wissen, was diese geheimnisvollen Worte zu bedeuten haben. Es müssen magische Worte sein, weil sie immer und immer wiederholt werden.

„Eins rechts, eins links, zwei zusammen."

Das Werk nahm schnell Formen an. Während es wuchs, erkannten die Tiere, die zusahen, dass da ein Wollpullover entstand mit kleinen dunkelroten Punkten wie die Beeren an der Hecke.

„Eins rechts, eins links, zwei zusammen."

Quiek hatte auf seiner Seite der Hecke alle Hände voll zu tun, um mit Mollys Tempo Schritt zu halten.

„Eins rechts, eins links, zwei zusammen …"

Molly blickte auf. „Ist es schon so spät? Mir wird ein wenig kalt", sagte sie. Keinem der anderen war kalt.

„Du darfst dir meine Decke umlegen", bot Pepe, das Pferd, an.
Es legte Molly seine Decke um die Schultern. Aber Molly wurde
es immer kälter!

„Ich wärme mich immer im Stroh auf", sagte Amalia, die Kuh.
Sie deckte Molly mit Stroh zu. Doch je mehr Molly strickte, desto
kälter wurde ihr!

Quiek wurde es dagegen immer wärmer. Molly beeilte sich, damit ihr Pullover fertig wurde, bevor sie erfror. Je schneller sie strickte, desto schneller musste Quiek das Spinnrad drehen, und schon bald war er in Schweiß gebadet! Dann, endlich, war der Pullover fertig und Molly schlotterte vor Kälte. Ihre Zähne klapperten sogar. Quiek sackte über dem Spinnrad zusammen und versuchte, wieder zu Atem zu kommen. Ihm war heiß, und er war schrecklich müde. Pepe blickte Quiek streng an.

„Woher stammt die Wolle, die du versponnen hast?", fragte er.

„Ich habe sie von diesem Bündel Wolle dort unter der Hecke genommen", antwortete Quiek verschüchtert. „Es war schon da, als ich kam."

Pepe blickte vom Spinnrad zur anderen Seite der Hecke. Dort sah er nur Molly. „Molly", sagte Pepe, „ich fürchte, du hast deine eigene Wolle verstrickt!"

Überrascht sprang Molly auf. Die Decke und das Stroh fielen von ihr ab. Rings um ihre Körpermitte war sie völlig kahl. Kein Wunder, dass sie so fror. Ihre ganze Wolle war fort!

„Na ja", meinte Molly, während sie die Nadeln aus ihrem Strickzeug nahm. „Ist nicht so tragisch! Jetzt habe ich einen schönen dicken Pullover, der mich mollig warm hält!"

Der alte Goliath

Goliath war eines der größten Pferde der Welt. Eines der stärksten war er auch. Schon als junges Pferd war er doppelt so groß wie alle anderen Pferde und zog den schweren Karren, der mit Kohl oder Kartoffeln, Möhren oder Mais und all dem beladen war, was sonst noch auf dem Hof wuchs. Er brachte das Gemüse vom Hof zum Marktplatz, und er brachte Sachen vom Marktplatz zurück zum Hof. Er zog die riesige Maschine, mit der der Weizen gemäht wurde, bevor er zur Mühle gebracht werden konnte.

Und er zog den großen Pflug, mit dem der Acker umgegraben wurde, damit der Bauer Weizen säen konnte, aus dem später das Mehl gemacht wurde, das Goliath dann wieder zum Marktplatz schaffte, und so weiter. Er erledigte einfach alles.

Goliath war der Allerbeste … gewesen. Das war schon lange her. „Warum arbeitest du denn jetzt nicht mehr?", fragte Moppel, das kleine Schwein. „Der Bauer sagt, ich bin zu alt", erklärte Goliath traurig. „Er meint es ja nur gut. Er glaubt, dass ich mich ausruhen muss."

Das Lamm Knuddel sagte: „Ich wette, du bist immer noch stärker als jedes andere Pferd, Goliath! Niemand ist so stark wie du!" Das riesige Pferd senkte den Kopf.

„Nun, ich bin nicht mehr so stark wie früher, mein Kleiner", erwiderte Goliath lächelnd. „Pferde werden auf Höfen eben nicht mehr gebraucht. Der Bauer benutzt jetzt einen Traktor."

Der große alte Goliath hatte viel Zeit, sich daran zu erinnern, wie es war, als er noch jung war und auf dem Hof arbeitete. Die meiste Zeit verbrachte er jetzt auf seiner Lieblingsweide, wo er, wenn ihm das Grasen langweilig wurde, Hasen oder Hühner jagte oder große Löcher in die Hecke fraß. Aber wenn Flocke, das Schaf, Watschel, die Gans, oder Mauz, die Katze, bei ihm waren, erzählte er ihnen von früher. Manchmal erzählte er ihnen dieselben Geschichten mehrmals, ohne es zu merken, aber das störte eigentlich niemanden.

Doch immerzu musste Goliath an den Traktor denken. Nicht, dass er dem Traktor die Schuld geben wollte, Goliath wollte einfach nur arbeiten!

„Zieht der Traktor den Karren besser als du?", fragte Flocke, das Schaf.

„Nein", antwortete Goliath.

„Zieht der Traktor den Pflug besser als du?", fragte Watschel, die Gans.

„Nein", erwiderte Goliath.

„Zieht der Traktor die Mähmaschine besser als du?", fragte Mauz, die Katze.

„Nein", sagte Goliath.

„Warum hat der Bauer dann einen Traktor gekauft?", wollte Moppel, das Schwein, wissen. Goliath senkte den mächtigen Kopf und seufzte. „Ihm gefiel die Farbe", antwortete er.

Eines schönen Tages jedoch sagte der Bauer zu Goliath: „Mit meinem Traktor stimmt etwas nicht. Er will nicht anspringen. Ich brauche deine Hilfe, Goliath, aber ich schätze, du möchtest lieber deine Ruhe haben." Goliath schüttelte den Kopf.

„Trotzdem", fuhr der Bauer fort, „muss ich heute den Acker pflügen, und der neue Pflug kann nur von einem Traktor gezogen werden. Ich weiß nicht, was ich tun soll!"

Goliath stupste den Bauern sanft in Richtung des Schuppens, wo der Traktor stand. Sein Zaumzeug befand sich auch dort. Der verwunderte Bauer nahm ein Seil und befestigte es vorn am Traktor. Daran zog ihn Goliath ganz mühelos aus dem Schuppen. Dann schob er den Pflug hinter den Traktor.

„Du meinst, du kannst beides ziehen?", fragte der Bauer. Goliath
nickte mit seinem mächtigen Kopf. Der Bauer wollte das gar nicht
glauben, aber er befestigte den Pflug hinten am Traktor. Dann
spannte er das Pferd vor dem Traktor an. Und Goliath zog den
Traktor, und der Traktor zog den Pflug.
Zusammen pflügten sie den Acker schneller denn je.
Goliath war also noch immer das größte und stärkste und jetzt
auch das glücklichste Pferd der Welt!

Gut gemacht, Beppo!

Beppo machte sehr viel Lärm. Er war nicht etwa ein böser Hund. Er war nur so aufmerksam und aufgeregt, dass er den ganzen Tag bellte.

„Wau! Wau!" Er bellte die Katze an. Die Katze fauchte erschrocken und floh.

„Wau! Wau!" Er bellte die Vögel an. Die Vögel flogen in den Baum.

„Wau! Wau!" Er bellte den Baum an. Der Baum schüttelte wütend die Äste.

„Wau! Wau!" Er bellte den Postboten an. Der Postbote eilte ängstlich zum Gartentor hinaus.
„Still, Beppo!", rief Beppos Herrchen Jan. Aber Beppo bellte
fröhlich zurück.

Eines Tages bellte Beppo so laut und lange, dass alle genervt waren.
„Sei jetzt still, Beppo", sagte Jan, als er sich auf den Rasen legte.
„Ich will hier lesen, und wenn du so viel bellst, kann ich mich gar
nicht auf mein spannendes Buch konzentrieren."
Beppo tat sein Bestes. Er versuchte, nicht auf die Schmetterlinge
und Bienen zu achten. Er versuchte auch, den leuchtend gelben
Ball, der mitten auf dem Gartenweg lag, nicht zu sehen.
Und er versuchte vor allem, die Vögel nicht anzubellen, die hoch
am Himmel flogen. Aber wohin er auch schaute, überall regte
ihn etwas so auf, dass er einfach bellen musste. Also beschloss er,
stattdessen die Grashalme zu betrachten.

Als er ins Gras starrte, war Beppo überzeugt, dass es sich bewegte. Dann meinte er, ein seltsames Rascheln zu hören. Gerade wollte er bellen, da erinnerte er sich an Jans Ermahnung. Also starrte er weiter stumm das Gras an. Jetzt hörte er ein Zischen. Beppo sah sich den Rasen genauer an.

Plötzlich begann Beppo aufgeregt zu kläffen.

„Wau! Wau!", bellte er das Gras an.

„Schscht", knurrte Jan und blätterte eine Seite um.

Aber Beppo hörte nicht auf zu bellen. Er hatte etwas Langes entdeckt, das sich durch das Gras schlängelte, etwas Zischendes mit langer Zunge. Beppo wusste nicht, was das war. Aber er wusste, dass es nicht freundlich aussah und direkt auf Jan zuglitt.

„Wau! Wau! WAU!", bellte Beppo verzweifelt. Beachtete ihn denn niemand?

„Sei still, Beppo!", rief Jans Papa verärgert aus dem Haus. „Wie oft habe ich dir schon gesagt, dass du nicht so kläffen sollst?"
Aber Beppo gab nicht auf. Er kläffte einfach ununterbrochen und noch lauter.
So laut und lange zu bellen sah selbst Beppo nicht ähnlich. Jan setzte sich auf und sah sich um.
„Eine Schlange!", schrie er plötzlich und zeigte auf das lange Tier, das auf ihn zukam.

Beppo bellte weiter, während Jans Papa heraus gerannt kam und Jan auf den Arm nahm. Und Beppo bellte immer noch, als ein Mann aus dem Zoo kam und die Schlange mitnahm.

Jan streichelte Beppo und gab ihm einen extra leckeren Kauknochen.

„Gut gemacht, Beppo!", rief Jan lachend. „Du hast mir das Leben gerettet!" Heute durfte Beppo sogar ausnahmsweise in Jans Bett schlafen.

An diesem Tag entschied Beppo, nur noch zu bellen, wenn es einen wichtigen Grund dafür gab!

Boing!

Es war einmal ein kleines, rundes Monster. Es hieß Boing, und das lag an dem Geräusch, mit dem es sich fortbewegte. Du und ich, wir können Schritt für Schritt gehen oder laufen, aber dieses Monster hopste wie ein Ball – BOING BOING BOING –, um von einem Ort zum anderen zu kommen. Es sah aus wie ein dicker Hüpfball, und weich wie Gummi war es auch, denn das war gut fürs Hüpfen.

Boing lebte zufrieden in einer verlassenen Hundehütte hinten in
Jans Garten. Kein Mensch wusste, dass es dort wohnte. Es konnte
sich selbst nicht erinnern, wie es dorthin gekommen war, aber
das machte nichts. Es war ein glückliches kleines Monster. Nur
ein Problem gab es: Es hatte nichts und niemanden zum Spielen.
Boing beobachtete Jan oft beim Spielen. Jan hatte zwar keine
Spielkameraden, aber ihm gehörten jede Menge Spielsachen.
Boing sah zu, wie Jan alle seine Autos aus einem großen grünen
Kasten holte. Es sah zu, wie Jan die Autos hin und her schob.
Dabei machte Jan immer ein merkwürdiges Geräusch: „Brmmm
Brmmm Brmmm."

Boing übte dieses Geräusch nachts, wenn niemand zuhörte.
„Brmmm", machte es leise, und dann lauter: „BRMMM BRMMM."
Aber ohne Autos machte das keinen Spaß. Boing wünschte sich
so sehr eigene Spielsachen. Also beschloss es, sich welche zu
borgen.

Eines Nachts, als Jan schlief, hüpfte Boing durch ein offenes
Fenster. Überall in seinem Zimmer lagen Spielsachen. Auf einem
Regal standen Flugzeuge, und auf dem Fußboden war eine
Eisenbahn. Boing nahm zwei Autos aus dem Kasten. Dann hopste
es aus dem Fenster und zurück in die Hundehütte.

Am nächsten Morgen merkte Jan sofort, dass ein paar Autos fehlten. „Mama", rief er, „weißt du, wo meine Autos sind?" Aber Jans Mutter wusste es nicht.
Am nächsten Tag flitzte Jan mit seinen Flugzeugen durch den Garten und machte: „Nieeeöh Nieeeöh."
Boing sah Jan beim Spielen zu, und in derselben Nacht holte es sich zwei Flugzeuge aus Jans Zimmer. „Mama", sagte Jan, als er morgens in die Küche kam. „Meine Flugzeuge sind weg!"

„Vielleicht hast du sie im Garten liegen gelassen", sagte seine Mutter. Doch Jan war sich sicher, dass das nicht sein konnte. Ihm blieb nichts anderes übrig, als mit seiner Eisenbahn zu spielen. In der kommenden Nacht tat Jan nur so, als ob er schliefe. Und bald traute er seinen Augen nicht! Ein kugelrundes Monster kam durchs Fenster herein und stibitzte seine Eisenbahn. Als Boing in den Garten zurück hüpfte, sprang Jan leise aus dem Bett und sah zu, wie es mitsamt seiner Eisenbahn in der alten Hundehütte verschwand.

Am nächsten Morgen ging Jan gleich nach dem Frühstück zur Hundehütte und spähte hinein. Dort lag das kugelrunde Monster und schlief tief und fest. Und drumherum verstreut lagen auch alle verschwundenen Spielsachen. Jan war so überrascht, dass er laut nach Luft schnappte. Boing wurde wach.

„BRMMM BRMMM", sagte Boing grinsend.

„Wie ‚Brmmm Brmmm'?", fragte Jan.

„NIEEEÖH NIEEEÖH", erwiderte Boing.

„Man sagt ‚Brmmm Brmmm' nur, wenn man mit Autos spielt", erklärte Jan. „Und man sagt ‚Nieeeöh Nieeeöh' nur, wenn man mit Flugzeugen spielt."

„NIEEEÖH NIEEEÖH", sagte Boing.

Wenn du willst, kannst du mit mir spielen", bot Jan an, „aber du musst mir versprechen, nie wieder meine Spielsachen zu nehmen, ohne zu fragen." „TSCHUFF TSCHUFF", sagte Boing. „Na gut, wir setzen alle Schienen zusammen, und dann spielen wir mit der Eisenbahn", sagte Jan. „TUUT TUUT", tönte Boing. Gesagt, getan: Als sie alles aufgebaut hatten, führten die Schienen in die Hundehütte hinein und wieder heraus, und die Lok zog darauf ihre Kreise.

Jans Mutter, die aus dem Fenster sah, freute sich, dass Jan seine Spielsachen wiedergefunden hatte. Wo kam nur der große Hüpfball im Garten her?

König Neptuns freier Tag

Die kleine Nixe Trini arbeitete im Palast von König Neptun. In diesem wunderschönen Palast gab es mehrere Springbrunnen und ein Denkmal des Königs in der Mitte des Hofes. Trini arbeitete gerne dort. Aber zwei freche Haie bewachten den Palast. Heute hatte König Neptun Geburtstag.

Er rief Trini zu sich und sagte: „Ich nehme mir heute frei. Bitte richte mir ein Geburtstagsfestessen für heute Abend aus. Bis zu meiner Rückkehr trägst du die Verantwortung."
Und schon war er fort!

Die Haie waren entzückt. Sie dachten, sie könnten sich den ganzen Tag vergnügen, weil der König nicht da war.

„Ich trage die Verantwortung, deshalb müsst ihr tun, was ich sage", ermahnte Trini sie streng, aber die Haie kicherten nur und beachteten sie gar nicht weiter.

Trini machte sich an die Arbeit. Sie bat einen Fischschwarm, Krabben und besonders saftigen Seetang zu sammeln, und sie sagte den Krebsen, dass sie glatte, schimmernde Muscheln suchen sollten, die sie als Teller verwenden wollte. Dann schickte sie ihre Nixenfreundinnen nach Korallen aus, um den Tisch zu schmücken.

Die Haie aber hatten nur Unfug im Sinn und brachten alles durcheinander. Als sie die Fische mit einem Netz voller Leckereien kommen sahen, rissen sie ihnen alles aus den Flossen und fraßen es auf.

Als die Krebse mit ihren Muscheltellern zurückkamen, nahmen die Haie die Muscheln und warfen sie einander zu. „Hört sofort auf!", rief Trini, aber die Haie taten so, als wäre nichts geschehen.

Dann bemerkten sie die Nixen und machten sich einen Spaß daraus, sie über den Hof zu jagen.

Trini hatte eine Idee. Sie musste die Haie austricksen. Während sie die Nixen über den Platz jagten, quetschte Trini sich durch einen Spalt in das hohle Denkmal von König Neptun. Die Haie amüsierten sich prächtig, aber die Nixen ließen ihre hübschen Korallen fallen und schwammen rasch davon. Die Haie schütteten sich fast aus vor Lachen.

Sie schwammen zum Königsdenkmal und überlegten, was sie noch anstellen könnten. Plötzlich dröhnte eine Stimme wie Donnerhall: „Sofort aufhören! Ich bin es, König Neptun, der Herrscher der Meere und Ozeane."

Die Haie bekamen Angst. Dann kommandierte die Stimme laut: „Tut, was Trini sagt, oder ich verbanne euch aus meinem Reich!" Zu guter Letzt befahl die Stimme aus dem Denkmal den Haien, die Teller aufzuheben, neue Krabben und Seetang zu holen und die Tische für das Festessen zu decken. Während sie damit beschäftigt waren, kroch Trini aus dem hohlen Denkmal hinaus. So klappte bei Trinis Festessen doch noch alles wunderbar. Alle waren gekommen, sogar die Haie, aber sie mussten draußen vor dem Palast Wache halten, während die Gäste sich drinnen an Leckereien, Tanz und Musik erfreuten.

König Neptun genoss den Abend sehr und fragte Trini, ob sie ihn auch weiterhin bei besonderen Aufgaben unterstützen werde. Trini wurde rot und antwortete: „Mit dem größten Vergnügen, Majestät."

Die tollpatschige Fee

Wusstest du, dass Feen auch zur Schule gehen müssen? Oh ja, dort lernen sie, sich anmutig zu bewegen, zu zaubern und zu fliegen. Einigen Feen fällt das schwer – zum Beispiel Clementine! Die arme Clementine! Sie war die schlechteste Schülerin in ihrer Klasse. Sie war tollpatschig und unbeholfen. Beim Tanzen stolperte sie als Einzige über ihre eigenen Füße.

„Clementine! Denk an Federn, nicht an Elefanten!", sagte dann die Tanzlehrerin Madame Rosalie.

Als das Schuljahr zu Ende war, bekamen alle Feen eine besondere Aufgabe für die Ferien auf. Elisa und Beatrice sollten Blumengirlanden für den Maiball flechten. Jenny und Molly mussten bei den Bienen Honig ernten. Jessica und Larissa sollten die Blätter der Stechpalme sauber wischen.

Eine Aufgabe jedoch wollte niemand übernehmen – und zwar, einem kleinen Mädchen zu helfen, das Masern hatte.

„Clementine", sagte Madame Rosalie, „bitte nimm diese Rosenblütenmilch und betupfe damit die Flecken des kleinen Mädchens, wenn es schläft. Wenn du das eine Woche lang jede Nacht tust, werden die Flecken verschwinden."

Clementine konnte es gar nicht abwarten. In der Nacht flog sie durch das Schlafzimmerfenster in das Haus, in dem das kleine Mädchen wohnte. So weit, so gut! Das Mädchen hieß Anja, und Clementine sah, dass sie tief und fest schlief. Sie hatte einen dicken Knuddelteddy im Arm.

Clementine schlich zum Bett. Dabei stolperte sie über den Teppich und landete beinahe auf einer stacheligen Haarbürste. „Aua!", schrie sie.

Anja rührte sich im Schlaf, wachte aber nicht auf. Leise stand Clementine auf. Als sie sich nach der Bürste bückte, kniff ein Spielzeugclown sie in den Popo!

„Aua!"

Diesmal wurde Anja wach. „Wer ist da?", fragte sie noch ganz
verschlafen.

„Ich bin's, Clementine", sagte die Fee, „dein Clown hat mich
gerade in den Popo gekniffen!"

„Gar nicht wahr", protestierte der Clown.

„Bist du ganz sicher?", fragte Anja und rieb sich die Augen.

„Das kenne ich gar nicht von ihm. Normalerweise hat er tadellose
Manieren." In dem Moment verlor Clementine das Gleichgewicht
und setzte sich auf Anjas Wärmflasche, die auf dem Boden lag.
Die Wärmflasche federte sie geradewegs in die Luft zurück,
sodass sie mit einem Plopp auf Anjas Bett landete.

„Alles in Ordnung?", fragte Anja und glaubte kaum, was sie da sah. Clementine strich ihr zerknittertes Kleid glatt und ordnete flatternd die Flügel. Dann erklärte sie Anja den Grund ihres Besuchs.

„Es tut mir sehr Leid, dass ich dich geweckt habe", sagte sie schließlich. „Du darfst mich nämlich eigentlich nicht sehen."

Das war Anja egal, denn sie freute sich, mit einer echten Fee reden zu können. „Kannst du wirklich zaubern?", fragte sie Clementine. „Ja. Im Zaubern bin ich ganz gut. Wenn ich bloß nicht so tollpatschig wäre!"

Sie erzählte Anja vom Tanzunterricht, und Anja berichtete von ihren eigenen Ballettstunden.

„Wenn du mir bei meinen Masern hilfst", schlug sie Clementine vor, „dann helfe ich dir bei der Tanzerei."

Clementine besuchte Anja jede Nacht. Anja brachte ihr bei, wie man auf Zehenspitzen steht, auf einem Bein das Gleichgewicht hält und anmutig knickst. Clementine übte und übte, bis sie alles nachmachen konnte, was Anja ihr zeigte. Am besten aber konnte sie Pirouetten drehen. Mit hocherhobenen Armen wirbelte sie immer wieder durch Anjas Zimmer.

Als Gegenleistung rieb Clementine Anjas Flecken ein. Sie wurden immer heller und waren nach einer Woche verschwunden.

Nach den Ferien kehrten alle kleinen Feen in die Schule zurück.

„Nun, meine lieben Feen", sagte Madame Rosalie, „führt mir bitte den Tanz der Zuckerfee vor."

Die Musik ertönte, und die Feen begannen zu tanzen. Und wisst ihr was? Clementine tanzte am allerschönsten! Madame Rosalie traute ihren Augen kaum.

„Aber Clementine", japste sie, „du bist ja meine Primaballerina geworden! Und prima bedeutet, wie ihr sicher alle wisst, die ‚Erste und Beste'!"

Clementine war die glücklichste Fee auf der ganzen Welt!

Pummel auf dem Bauernhof

Pummel lebte auf einem Bauernhof und war immerzu müde. Nichts mochte das Kätzchen lieber, als Tag und Nacht vor sich hin zu dösen. Wenn die anderen Katzen damit beschäftigt waren, Mäuse zu fangen oder Vögel zu verjagen, wollte Pummel meistens nur ein Nickerchen machen. „Ist mir viel zu anstrengend", gähnte er dann und legte sich gemütlich hin.

Eines Tages, als alle anderen Kätzchen gerade die Mäuse rund um den Heuschober jagten, sah sich Pummel wieder einmal nach einem Schlafplatz um.

„Hier kannst du nicht schlafen", schimpfte die Bauersfrau, und fegte den kleinen Kater mit dem Besen aus der Küche. „Heute ist Putztag, Pummel, du bist im Weg."

„Hier kannst du auf keinen Fall schlafen", gackerten die Hennen, während sie Pummel aus dem Hühnerstall drängten. „Wir legen gerade Eier und können dich dabei nicht gebrauchen, Naseweis!"

„Wie, schlafen willst du? Aber nicht hier!", muhten die Kühe und scheuchten Pummel aus dem Kuhstall. „Wir müssen gemolken werden, und kleinen Katzen kann man in der Nähe von Milch nicht trauen."

„Hier wirst du nicht schlafen, raus mit dir!", polterte der Bauer, der das Kätzchen schließlich aus der Molkerei schob. „Wir machen Schlagsahne, und da können wir keine Katzenhaare gebrauchen."

„Ich bin so müde", klagte Pummel einer Maus sein Leid. „Darf ich bei euch schlafen?"

„Bist du plemplem?", sagte die Maus. „Weißt du nicht, dass kleine Katzen Mäuse jagen sollen?"

Pummel wollte schon die Hoffnung aufgeben, als er plötzlich die ideale Stelle entdeckte. Auf einem Anhänger sah er einen Ballen aus weichem Heu liegen.

„Wunderbarrrr-rrr-rrr", schnurrte Pummel und rollte sich zu einer kleinen Kugel zusammen. In null Komma nichts war er eingeschlummert.

Pummel fühlte sich so wohl, dass er nicht einmal aufwachte, als sich der Traktor vor dem Anhänger ratternd in Bewegung setzte. Selbst als der Traktor mitsamt Anhänger den Weg zur Stadt hinunterholperte, schlief er seelenruhig weiter.

Erst als das ganze Gefährt rumpelnd zum Stillstand kam, wurde Pummel wach. Er blinzelte verschlafen, streckte sich und sah sich um. Erschreckt sprang er auf und wollte seinen Augen nicht trauen. Er saß mitten auf dem Marktplatz, und der Bauer fuhr gerade mit dem Traktor davon!

„Warte auf mich!", maunzte Pummel und sprang vom Anhänger. Doch der Bauer war schon fort.

„Jetzt muss ich auch noch den ganzen Weg nach Hause laufen", jammerte er.

Pummel marschierte den ganzen Nachmittag und die ganze Nacht hindurch zurück. Der Hahn hatte gerade gekräht, als er endlich am Hoftor ankam.

„Hallo, du Faulpelz", wurde er von den anderen Kätzchen begrüßt. „Wo hast du denn die Nacht verschlafen, während wir Mäuse gejagt haben?"

Aber diesmal war Pummel wirklich todmüde. Er war viel zu erschöpft, um zu erklären, was er durchgemacht hatte. Und so dauerte es auch nicht lange, bis Pummel tief und fest eingeschlafen war.

Jakob und die Bohnenstange

Jakob war ein lebhafter Junge. Er lebte mit seiner Mutter in einem kleinen Häuschen auf dem Land.

Jakob und seine Mutter waren sehr arm. Der Boden im Haus war mit Stroh bedeckt, und viele Fensterscheiben waren zerbrochen. Eine Kuh war das einzig Wertvolle, das sie besaßen.

„Du musst unsere Kuh Minka auf dem Markt verkaufen", sagte Jakobs Mutter eines Tages traurig.

Jakob und die Bohnenstange

Als Jakob die lange Straße zum Markt entlangstapfte, traf er einen seltsamen alten Mann.

„Wohin bringst du diese schöne Milchkuh?", fragte der Mann.

„Zum Markt, mein Herr", antwortete Jakob. „Ich muss sie verkaufen."

„Wenn du sie mir verkaufst", sagte der Mann, „gebe ich dir diese Bohnen. Es sind Wunderbohnen. Du wirst es nicht bereuen, das verspreche ich dir."

Das Wort „Wunder" machte Jakob neugierig. Schnell tauschte er die Kuh für die Bohnen ein und rannte eiligst nach Hause.

„Was hast du für die Kuh bekommen?", fragte die Mutter.

„Das sind Wunderbohnen!", sagte Jakob und streckte die Hand aus.

„Was?", rief die Mutter entsetzt. Wütend nahm sie ihm die Bohnen weg und warf sie aus dem Fenster in den Garten.

Am nächsten Morgen schaute Jakob hinaus und traute seinen Augen kaum. Über Nacht waren im Garten die Bohnen aufgegangen und zu einer einzigen riesigen Ranke emporgewachsen – und so hoch, dass die Spitze in den Wolken verschwand. Jakob jauchzte vor Begeisterung und rannte nach draußen. Als er an der Bohnenstange emporkletterte, sah seine Mutter ihm angstvoll nach und flehte ihn an, wieder herunterzukommen.
Doch Jakob war schon in den Wolken verschwunden und schließlich erreichte er hungrig und müde die Spitze der Bohnenstange. Dort gelangte er zu dem größten Schloss, das er jemals gesehen hatte. Ob er wohl etwas zu essen finden würde?

Er kroch unter dem Eingangstor hindurch und lief geradewegs auf einen riesigen Fuß zu!

„Was war das?", donnerte eine Frauenstimme, sodass der ganze Raum bebte. Ein riesiges Auge sah Jakob an, und plötzlich wurde er von einer riesigen Hand emporgehoben.

„Wer bist du denn?", rief die Stimme.

„Ich bin Jakob", sagte Jakob, „und ich bin müde und hungrig."

Die Riesenfrau war eine freundliche alte Dame, und sie hatte Mitleid mit dem kleinen Jungen. „Sei schön still", flüsterte sie, „mein Mann isst dich auf, wenn er dich entdeckt." Dann gab sie Jakob einen Krümel warmes Brot und einen Fingerhut heiße Suppe.

Er hatte gerade ausgetrunken, da sagte die Frau: „Rasch! Versteck dich im Schrank! Mein Mann kommt!"

Im Schrank hockend hörte Jakob, wie stampfende Schritte näher kamen.

Dann polterte eine tiefe Stimme herein: „Hmm – wie gut, ich rieche junges Blut! – Frau!", rief der Riese. „Ein Junge ist im Haus, das rieche ich!"

„Unsinn, Schatz", sagte seine Frau besänftigend. „Was du riechst, ist diese köstliche Mahlzeit, die ich für dich zubereitet habe. Setz dich hin und iss."

Als der Riese sein Essen hinuntergeschlungen hatte, rief er: „Frau! Bring mein Gold! Ich will es zählen!"

Jakob beobachtete, wie der Riese einen Sack nahm und einen wahren Goldregen auf den Tisch kippte.
Beim Zählen stapelte er die Münzen zu Türmen. Doch nach einer Weile fing er an zu gähnen, und wenig später war er eingeschlafen.

„Jetzt wird es Zeit, dass ich etwas unternehme", sagte sich Jakob. Schnell wie der Blitz schlüpfte er aus dem Schrank, nahm einen Goldsack, rutschte am Tischbein hinunter und rannte zur Tür. Aber der Riese hatte ihn gehört und war wieder hellwach. „Bleib stehen, du Dieb!", kreischte er. Jakob lief schnurstracks zur Bohnenstange – und während der Riese noch hinter ihm her war, sauste er schon daran hinunter.

„Mutter!", rief er laut, als er sich dem Erdboden näherte, „Mutter, hol die Axt!"

Als Jakob unten ankam, stand seine Mutter schon mit der Axt bereit. Rasch schlug sie die Bohnenstange durch, und der Riese fiel mit der Pflanze krachend zu Boden. Und er stand nie wieder auf!

Das Gold aber machte Jakob und seine Mutter unermesslich reich, und sie lebten glücklich und zufrieden bis an ihr Lebensende.

Geburtstagsüberraschung

Über dem Drunter-und-Drüber der Schmuddelgasse ging gerade die Sonne auf. Es war noch früh. Nicht einmal die Vögel hatten angefangen zu tschilpen und zu zirpen. Alle schliefen tief und fest. Oder etwa nicht?
Langsam erhob sich ein schläfriges Katzenhaupt aus einer Mülltonne:
Onkel Bert.

Geburtstagsüberraschung

Er öffnete ein Auge ... dann das andere ... und ein breites Grinsen kroch über sein Gesicht. „Endlich!" gluckste er in sich hinein. „Zum Geburtstag viel Glück! Zum Geburtstag mir viel Glück!", sang er in höchsten Tönen. Er sah sich um, doch alle anderen schnarchten noch immer. „Zeit zum Aufstehen!", schrie er und schlug auf den Deckel der Mülltonne – KLANG! KLANG! KLANG! Lenny und Lulu, die Zwillingskätzchen, fielen vor Schreck aus ihrem Körbchen. Vetter Archie taumelte von einem Ast herunter – mitten auf Mutter Hatties Kopf!

„Onkel Bert!", brauste Hattie auf, „warum trommelst du auf dem Mülltonnendeckel herum?"

„'Tschuldigung", sagte Onkel Bert. „Ehem ... heut ist nur mein ... eh ... es ist nur Zeit zum Aufstehen!"

„Ach, Bert!", seufzte Hattie. Aber wenn sie schon mal wach war, konnte sie auch gleich ihre Kinder fertig machen. Wie sie sich sträubten und strampelten – Lenny und Lulu hassten es, sich zu waschen!

Vetter Archie ritzte und kratzte, schrappte und schärfte derweil seine Krallen an einer alten Matte. Tante Lucy drehte sich um und schlief weiter. Armer Onkel Bert! Wollte ihm niemand zum Geburtstag gratulieren?

Da sah Bert die Zwillinge hinter einem Schmetterling herjagen und rief: „Hey, ihr Zwei! Wetten – ihr wisst nicht, welcher Tag heute ist!"

„Aber klar doch", rief Lulu, „heute ist Samstag!"

„Ach was, Lulu, du Leuchte!" sagte Lenny und schubste seine Schwester in eine Pfütze!

„Nein", sagte Onkel Bert, „heute ist mein ..."

Aber die frechen Kätzchen waren bereits weggelaufen.

Da sprang Archie hinter einem Karton hervor. „Hallo, Archie", sagte Bert. „Wetten – du weißt nicht, welcher Tag heute ist!"

„Das verrate ich nicht!", kicherte Archie und trollte davon. „Ich weiß es, und du musst raten!"

„Ich weiß es doch!, schrie Bert. „Heut ist mein *Geburtstag*!"

Aber Archie war bereits verschwunden.

„Ich weiß, wer's weiß!", sagte Bert. „Harry, der Gassenhund – er weiß alles!"

Und er lief die Gasse entlang, um ihn zu suchen.

„Hallo, Leute", rief Bert den Hunden zu. „Ratet mal, welcher Tag heute ist!"

„Futtertag?", fragte Foster, der alte Schäferhund, skeptisch.

„Nein!", maulte Bert beleidigt.

„Weiß es denn niemand? Heute ist …"

„Jagt-Berti-Tag!", bellte Harry und jagte hinter ihm her.

Bert rannte die Gasse hinunter und sprang über den Zaun in den Apfelgarten.

„Egal!", schmollte er. „Wer braucht überhaupt einen blöden Geburtstag?"

Aber Bert sah nicht die fünf Katzenaugenpaare, die verstohlen über den Zaun blickten. Und er hörte nicht, wie fünf Katzenmäuler kichernd Pläne schmiedeten.

„Das ist der schlimmste Geburtstag aller Zeiten!", jammerte Bert.

„Tz-tz", flüsterte Vetter Archie. „Sieht aus, als ob unser Plan funktioniert!"

„Wo sind nur die Hunde?", schnurrte Hattie vor sich hin. Zum Glück war Harry bereits da!

„Alles klar?", fragte sie.

Harry grinste und nickte.

Drüben im Garten saß Bert und war fertig mit der Welt. Er beschloss, nach Hause zu gehen und sich ins Bett zu legen. Mürrisch zwängte er sich zwischen zwei Zaunlatten hindurch.

Geburtstagsüberraschung

„Ü-b-e-r-r-a-a-a-s-c-h-u-n-g!" jolten plötzlich alle Gassenhunde und -katzen auf einmal. Die Schmuddelgasse war mit lauter bunten Papierschlangen dekoriert, und es gab einen Geburtstagskuchen in Form eines Fisches. Wie glücklich war Bert!

„Ihr habt es nicht vergessen", sagte Bert.

„Ach Bert", erwiderte Hattie und umarmte ihn. „Wie könnten wir deinen Geburtstag vergessen?!"

„Danke, Leute", grinste Bert, „dies ist der schönste Geburtstag aller Zeiten!"

Robbie ist der Beste

Jana hatte sich schon lange einen Hund gewünscht, und endlich waren Mama und Papa einverstanden! Jana konnte es kaum erwarten, zur Tierhandlung zu fahren.

Im Laden sah sie sich alle Welpen ganz genau an. Sie musste auf jeden Fall den Richtigen aussuchen. Schließlich wollte sie den besten Hund von allen!

„Der ist zu groß", sagte Jana und zeigte auf eine dänische Dogge.
„Und der zu klein." Sie deutete auf einen winzigen Pinscher.
„Wie wäre es mit diesem?", fragte Mama und streichelte einen
Afghanischen Windhund.
„Zu viel Fell."
„Und der Boxer hier?", fragte Papa und kitzelte den rosa Bauch
eines Welpen.
„Zu wenig Fell", sagte Jana ganz entschieden.
Der Verkäufer fand einen Pudel besonders hübsch.
„Zu lockig", meinte Jana. Der nächste Hund bellte zu laut. Zwei
andere waren zu still. Schließlich waren nicht mehr viele übrig.

Jana wollte schon aufgeben, als sie etwas Weiches am Bein spürte.
„Oh, ist der süß!", rief sie und nahm ein braun-weiß geflecktes
Fellbündel auf den Arm.

„Das ist mein Hund", seufzte Jana.

„Äh, was ist das für eine Rasse?", fragte Papa.

„Ein Mischling", erklärte der Verkäufer. „Wir haben leider keine
Dokumente über diesen Hund. Ich glaube, er ist halb Cocker-
spaniel und halb Collie. Ganz genau wissen wir es nicht."

„Das ist mir egal", freute sich Jana. „Er ist einfach der Beste! Ich
nenne ihn Robbie."

Robbie winselte beim Verlassen der Tierhandlung. Er winselte auf dem ganzen Heimweg. Aber als er die Katze sah, hörte er auf zu winseln und fing an zu bellen.
„Er muss sich erst an uns gewöhnen", sagte Mama. Hoffentlich hatte sie damit Recht.

Am Nachmittag gingen sie mit Robbie im Park spazieren. Jana nahm etwas Brot zum Entenfüttern mit. Aber als Robbie die Enten entdeckte, bellte er wieder. Dann jagte er ihnen nach. Er hörte nicht auf, bis die letzte Ente davongeflogen war. Jana war so erschrocken, dass Papa ihr zum Trost ein Eis kaufte.

„Er ist noch sehr klein. Er muss noch viel lernen", erklärte Papa. Aber Jana hörte nicht zu. Robbie war nämlich hochgesprungen und hatte ihr das Eis weggeschnappt. Jana fragte sich, ob sie sich wirklich den richtigen Hund ausgesucht hatte. Zu Hause wollte sie Robbie als erstes ihre Spielsachen zeigen.

Aber als sie dem Hund ihre Puppen und Stofftiere vorstellte, stürzte er sich nur auf ihren Lieblingsteddy und flitzte mit ihm im Maul zur Tür hinaus.

„Er hat Petzi gestohlen!", schrie Jana. Als Robbie zurückkam, war Petzi weg. Jana war wütend. „Du bist gar nicht der beste Hund von allen", sagte sie mit erhobenem Zeigefinger. „Du machst ja alles falsch!"

Armer Robbie! Er ließ den Kopf hängen, versteckte sich unter dem Tisch und kam den ganzen Abend nicht mehr heraus.

Robbie ist der Beste

Am nächsten Morgen wurde Jana von etwas Feuchtem an ihrer Wange geweckt. Als sie die Augen öffnete, stand Robbie schwanzwedelnd an ihrem Bett. Und er hatte Petzi im Maul! Robbie ließ Petzi aufs Bett fallen.
„Lieber Robbie!", lobte ihn Jana lachend und kraulte ihn. „Du bist ja doch der beste Hund von allen!"

Jade und die Juwelen

Jade war die schönste Nixe in der ganzen Lagune. Ihre glänzend schwarzen Haare reichten bis zu den Schuppen ihres schmucken Fischschwanzes. Ihre Augen waren smaragdgrün, und ihre Haut schimmerte wie eine schneeweiße Perle. Leider war Jade aber so eingebildet und eitel, dass die anderen Nixen sie nicht ausstehen konnten.

Eines Tages sagte eine Nixe: „Diese Jade hält sich für was Besseres!
Irgendwann wird sie damit baden gehen."
Es gab aber jemanden, der Jade mochte, und das war Rita, die
Riesenschildkröte.
Sie schwamm immer an Jades Seite.
Jade jedoch beachtete Rita kaum. Sie lebte in ihrer eigenen Welt,
kämmte sich den ganzen Tag lang die Haare und bewunderte
sich im Spiegel.
Einmal belauschte Jade die anderen Nixen, als sie über ein
Piratenschiff sprachen, das auf den Meeresgrund gesunken war.
Darin war eine Schatztruhe mit Juwelen.

„Allerdings wagt niemand, die Juwelen zu holen", flüsterten die Meerjungfrauen, „denn das Piratenschiff ist verflucht."

„Dieses Piratenschiff will ich finden", erklärte Jade Rita, „und die Schatztruhe auch!"

„Aber was ist mit dem Fluch?", fragte Rita besorgt.

„Ach, das ist mir egal. Stell dir vor, wie wunderbar ich mit all diesen Juwelen aussehen werde", meinte Jade und schoss davon.

„Warte doch!", schrie Rita und ruderte hinter ihr her. „Das ist viel zu gefährlich für eine allein."

Jade schwamm weit ins tiefe Meer hinaus, wo sie nie zuvor gewesen war. Sie tauchte durch bunte Fischschwärme hindurch, um den Rand des Korallenriffs herum und immer tiefer bis zum Meeresgrund. Dort fand sie schließlich das Schiffswrack.

„Pass auf, Jade", warnte Rita. „Denk an den Fluch!"

„Quatsch", sagte Jade. „Ich bin hier, um die Juwelen zu holen –
und ohne sie schwimme ich nicht wieder nach Hause!"
Jade durchsuchte das Wrack und entdeckte nach einer Weile die
Schatztruhe durch ein Bullauge. Sie schwamm hindurch und griff
nach der Truhe. Der Deckel sprang auf, und funkelnde Edelsteine
in leuchtenden Farben quollen über den Rand.
Jade nahm eine Kette heraus und legte sie sich um den Hals.
In der Truhe war ein kleiner, mit Gold verzierter Spiegel. Darin
konnte sie ihre Schönheit bewundern.

Plötzlich krachte es, und der Spiegel zerbrach. Im selben Augenblick verwandelte sich die Kette in ein Halsband aus Steinen. Das war der Fluch des Piratenschiffs.
Jade wollte die Kette abnehmen, aber es gelang ihr nicht. Sie wollte fortschwimmen, aber die Kette war so schwer, dass sie nicht von der Stelle kam.

„Hilfe!", schrie Jade. „Hilfe! Hilfe!" Riesenschildkröte Rita hörte sie draußen und schwamm um das Wrack herum bis vor das Bullauge. „Hilf mir, Rita!", rief Jade, „bitte hilf mir!"

„Habe ich nicht gesagt, dass du aufpassen sollst?"
Jade fing an zu weinen. „Hätte ich doch bloß auf dich gehört,
Rita", schluchzte sie.
Mit ihren starken Flossen zerriss Rita die Kette und befreite Jade.
Während sie, so schnell sie konnten, von dem Wrack fortschwam-
men, sagte Rita: „Du brauchst keinen funkelnden Schmuck, Jade.
Du bist auch so hübsch genug."
Als sie zu Hause in Sicherheit war, erzählte Jade den anderen
Meerjungfrauen von ihrem Abenteuer.
„Eins habe ich jedenfalls begriffen", sagte Jade, „ich bin bestimmt
nie wieder eingebildet." Von diesem Tag an waren sie alle mit-
einander befreundet, aber Rita blieb Jades allerbeste Freundin.

Christian wird groß

Christian war der kleinste Affe in seiner Spielgruppe. Er wollte endlich groß werden.

„Kannst du mich mal messen?", fragte Christian seinen besten Freund Raban.

„Ich habe dich doch Montag erst gemessen, und heute ist Freitag", sagte Raban und fügte hinzu: „In diesen vier Tagen kannst du unmöglich gewachsen sein."

„Doch", widersprach ihm Christian. „Meine Knochen sind gewachsen, du wirst schon sehen."

Raban ging mit ihm zum höchsten Baum im ganzen Urwald. Christian stellte sich mit dem Rücken an den Stamm, und Raban machte einen Strich über Christians Kopf.

Er war genau da, wo der letzte Strich stand.

„Da", sagte er, „du bist immer noch genauso groß."

„So ein Mist!"

Christian wollte unbedingt endlich Kokosnüsse pflücken. Alle großen Affen taten das. Die kleinen Affen mussten spülen und aufräumen. Fair war das nicht.

Kurz darauf sprach er mit seiner Freundin Bille: „Schau mal bitte genau auf meinen Kopf", forderte er sie auf und stellte sich direkt unter sie.

„Warum denn, Chrissian?", fragte Bille. Sie nannte ihn immer Chrissian.

„Nun mach schon."

Also schaute Bille genau auf seinen Kopf.

„Und?", fragte Christian.

„Was, und?"

„Wachse ich? Siehst du etwas?"

„Nein, natürlich nicht!"

„Ich wusste es!", sagte Christian. „Ich wusste es! Ich werde nie groß!"

„Chrissian", sagte Bille, „das sagst du jeden Tag. Du wirst groß. Ganz bestimmt."

Aber Christian glaubte ihr nicht so richtig.

„Kann ich etwas tun, um größer zu werden?", fragte er Raban.
„Warten!", antwortete Raban. Also blieb Christian neben Raban
stehen … und wartete. Und wartete … und wartete … und wartete! Raban lachte. „So schnell wächst du nun auch wieder nicht!"
Er schaute auf seinen Freund hinunter. „Es dauert lange, bis du
groß bist."
So viel Zeit hatte Christian aber nicht. Er wollte Kokosnüsse pflücken
– und zwar sofort! Er reckte sich. Dann bat er all seine Freunde,
an seinen Armen und Beinen zu ziehen. Außerdem sollten sie die

Luft aus ihm herausdrücken, damit er dünner und größer würde. Schließlich hängte er sich mit den Zehen an die Zweige und schaukelte kopfüber. Aber es half alles nichts!

Tag für Tag beobachtete er die anderen Affen beim Klettern in den hohen Palmen. Tag für Tag sah er zu, wie sie die Kokosnüsse pflückten und herunterwarfen. Eines Tages gab es einen Wettbewerb, bei dem es darum ging, wer die meisten Kokosnüsse von den Bäumen holen konnte. Alle dachten, Raban würde gewinnen. Er kletterte nach oben, wand sich durch die Palmblätter und blieb stecken! Er zog ein Gesicht, wie es nur Affen können.

„Hilfe! Ich hänge fest!", rief er.

Ein großer Affe kletterte hoch und wollte ihm helfen, aber er war zu dick und kam nicht an den Blättern vorbei.

„Lasst mich mal", bettelte Christian.

„Na gut", stimmten die anderen widerwillig zu. Christian sauste am Stamm hinauf. Klein und dünn, wie er war, konnte er oben in der Baumkrone seinen Freund befreien. Dann pflückte er sechs, nein sieben Kokosnüsse und warf sie herunter.

Als sie wieder unten waren, kamen die anderen Affen und klopften Christian anerkennend auf die Schulter.

Christian war sehr stolz.

„Mann," meinte Bille. „So schnell wie du ist noch keiner auf eine Palme geklettert!"

„Vielleicht seid ihr ja alle zu groß," sagte Christian glücklich.

„Vielleicht sollte ich mich mit dem Wachsen doch nicht so beeilen."

Nach diesem Abenteuer machte es ihm nicht mehr so viel aus, klein zu sein, zumal er den Wettbewerb haushoch gewonnen hatte!

Goldlöckchen und die drei Bären

Es war einmal eine Bärenfamilie, die lebte in einem tiefen, dunklen Wald. Papa Bär war riesengroß, Mama Bär war mittelgroß und das Bärenkind war winzig klein.

An einem sonnigen Morgen standen die Bären zeitig und mit großem Frühstückshunger auf. Papa Bär kochte drei Schüsseln Brei mit reichlich goldenem, flüssigem Honig. „Das Frühstück ist fertig!", rief Papa Bär.

Aber der Brei war noch viel zu heiß zum Essen.

„Wir müssen den Brei erst abkühlen lassen, sonst verbrennen wir uns die Schnauze", sagte Mama Bär.

„Ich habe aber Hunger!", jammerte das Bärenkind.

„Lasst uns ein Weilchen im Wald spazieren gehen", schlug Mama Bär vor. „Auf dem Weg sammeln wir Beeren."

Die drei Bären ließen den dampfenden Brei auf dem Tisch stehen und gingen in den Wald. Das Bärenkind ging als Letzter und vergaß, die Tür hinter sich zuzuziehen.

An jenem Morgen war noch jemand unterwegs im Wald: Goldlöckchen, ein kleines Mädchen mit langen, goldenen Locken und einem allerliebsten Näschen.

Es hüpfte vergnügt durch den Wald, als ihm plötzlich ein köstlicher Duft in die Nase stieg. Es folgte dem Duft, bis es zum Häuschen der drei Bären gelangte. Da die Tür offen war, schaute Goldlöckchen vorsichtig hinein. Da sah es die drei Schüsseln mit Brei auf dem Tisch, konnte einfach nicht widerstehen und schlich auf Zehenspitzen ins Haus.

Zuerst probierte es den Brei von Papa Bär. „Aua", sagte sie, „dieser Brei ist viel zu heiß!" Also probierte es den Brei von Mama Bär. „Bäh", sagte Goldlöckchen, „dieser Brei ist viel zu süß!" Schließlich probierte es den Brei vom Bärenkind. „Hmmm", sagte es und leckte sich die Lippen, „dieser Brei ist genau richtig!" Goldlöckchen aß alles auf – bis auf den letzten Löffel.

Als es den Brei vom Bärenkind aufgegessen hatte, fühlte sich Goldlöckchen so satt, dass es sich ausruhen musste. Zuerst setzte es sich auf Papa Bärs großen Stuhl. „Oh je!", sagte es, „dieser Stuhl ist viel zu hart!" Dann setzte es sich auf Mama Bärs mittel- großen Stuhl. „Oh nein", sagte Goldlöckchen, „dieser Stuhl ist viel zu weich!" Schließlich setzte sich Goldlöckchen auf den kleinen Stuhl vom Bärenkind. „Ja", rief es, „dieser Stuhl ist genau richtig!" Dort wollte es sich gemütlich niederlassen. Aber der Stuhl des Bärenkinds war viel zu klein und brach in Stücke, als Goldlöckchen sich darauf setzte.

Goldlöckchen war müde von all dieser Ausprobiererei und suchte in dem Häuschen nach einem geeigneten Ruheplatz. Mit den Betten, die es im Schlafzimmer fand, erging es Goldlöckchen genauso wie zuvor mit den Stühlen und den Schüsseln mit dem Brei … Das kleine Bett vom Bärenkind war genau richtig, und so legte es sich hinein und schlief sofort ein.

Wenig später kamen die drei Bären von ihrem Spaziergang zurück und freuten sich schon auf den köstlichen Brei. Sobald sie aber ihr Häuschen betraten, merkten sie, dass etwas nicht stimmte. „Jemand hat von meinem Brei gegessen!", sagte Papa Bär beim Anblick seiner großen Schüssel. – „Jemand hat von meinem Brei gegessen!", sagte Mama Bär und schaute auf ihre mittelgroße Schüssel. – „Jemand hat von meinem Brei gegessen!", rief das Bärenkind und sah traurig auf seine winzig kleine Schüssel. „Und alles restlos aufgegessen!"

Und als sie ihre Stühle sahen, riefen Papa und Mama Bär wie aus einem Mund: „Seht mal! Jemand hat auf meinem Stuhl gesessen!" „Auf meinem Stuhl hat auch jemand gesessen", rief das Bärenkind. „Er ist ganz kaputt!" Alle drei schauten auf die traurigen Reste seines Stühlchens. Das Bärenkind brach in Tränen aus.

Plötzlich hörten die drei Bären ein ganz leises Geräusch. Ein Knurren? Nein, da schnarchte jemand – und zwar in ihrem Schlafzimmer. Ganz, ganz leise schlichen sie die Treppe hoch, um nach dem Rechten zu sehen.

„Jemand hat in meinem Bett gelegen!", rief Papa Bär.

„Jemand hat in meinem Bett gelegen!", sagte Mama Bär.

„Jemand hat in meinem Bett gelegen!", schrie das Bärenkind.

„Und liegt immer noch drin!"

Von dem Lärm wachte Goldlöckchen erschreckt auf.

Als es die drei Bären sah, die sich über Goldlöckchen beugten, fürchtete es sich sehr. „Oh je, oh je, oh je!", rief es und sprang aus dem Bett. Es rannte aus dem Schlafzimmer, die Treppe hinunter, aus der Haustür und den ganzen Weg bis nach Hause – und kehrte nie wieder in den Wald zurück.

Nicos neues Zuhause

Dort, wo das kleine Nilpferd Nico lebte, war es heiß. Ein kühler Fluss, der ins Meer floss, war sein Zuhause. Hier traf er auch Jan, den Einsiedlerkrebs. Jan und Nico waren richtige Freunde fürs Leben. Das war ein wenig merkwürdig, weil sie so unterschiedlich waren. Zunächst einmal war Nico viel größer als Jan. Es war bestimmt toll, ein Einsiedlerkrebs zu sein, dachte Nico. Einsiedlerkrebse sind seltsame Tiere: Sie haben kein eigenes Gehäuse, stattdessen ziehen sie von einem Schneckenhaus ins andere.

Damals hatte Jan ein hellrosa Schneckenhaus mit einer schönen Spitze, das er immer mit sich herumtrug. Nico fand das so großartig, dass er auch ein Haus mit sich herumtragen wollte. Dann müsste er nicht mehr in der heißen Sonne brüten. Nilpferde mögen große Hitze nicht. Aber Gehäuse, die groß genug für sie sind, gibt es nicht. Stattdessen bleiben sie zum Abkühlen am liebsten im Wasser.

„Hilfst du mir, ein eigenes Haus zu bauen?", fragte Nico Jan eines Tages.

„Na klar!"

Sie bauten ein Haus aus Blättern und banden es Nico auf den Rücken. Nico war völlig begeistert, und sie machten einen Spaziergang am Flussufer. Zur Feier des Tages trug Jan ein neues blaues Schneckenhaus. Das war nämlich gerade Mode. Sie trafen einen Löwen mit einer schlimmen Erkältung. „Haat-schiii!" Der Löwe nieste und blies Nicos neues Haus fort! „Wie schade", seufzte Nico traurig.

Da bauten sie ein neues Haus, diesmal aus Bambus.
„Das kann man nicht wegblasen", sagte Nico. Aber dann kam ein Elefant, und, oh je, Bambus ist die Lieblingsspeise der Elefanten. „Mmmm!", sagte der Elefant. „Danke, dass ihr mir mein Frühstück bringt!" Er stopfte sich Nicos Haus ins Maul!

Nico war wütend. „Das war mein neues Zuhause!"

„Ups, das tut mir aber leid", sagte der Elefant.

Jan suchte gerade ein neues Schneckenhaus für sich. Das blaue wurde ihm langsam zu eng. Er dachte an ein gelbes. Da glitt ein großer Vogel über ihm träge durch die Luft und entdeckte Jan ohne ein schützendes Gehäuse.

„Oh, leckeres Krebsfleisch!", sagte er und holte sich Jan im Sturzflug. Jan wand und drehte sich in den Vogelkrallen, bis er sich befreit hatte und auf den Boden prallte.

„Aua!" Bevor er sich rühren konnte, startete der Vogel einen zweiten Versuch. Nico wollte ihm helfen, aber er war zu schwer und zu langsam. Er schaute sich um und entdeckte einen Liegestuhl, einen Sonnenschirm, einen Eimer und eine Schaufel.

„Schnell", rief er Jan zu, „komm her!" Jan sprang in letzter Sekunde unter den Eimer! Der Vogel kreischte verärgert. Nico wedelte mit der Schaufel über seinem Kopf und vertrieb den Vogel. Dann hievte er sein Hinterteil auf den gestreiften Liegestuhl und machte es sich im Schatten bequem. Es fühlte sich gemütlich an – wenn nur sein Kopf und seine Beine nicht der prallen Sonne ausgesetzt wären. Er wand sich noch ein bisschen hin und her, bis es bequemer war.

„Wie gefällt dir dein neues Eimerhaus?", fragte Nico.

„Ein bisschen zu geräumig", antwortete Jan leicht bedrückt.

„Und dein Liegestuhl?", fragte er zurück. „Ein bisschen zu eng",
sagte Nico und schwieg eine Weile.

Dann sagte er: „Jan, ich habe nachgedacht."

„Ach ja?"

„Ich habe darüber nachgedacht, ob es nicht einfacher und schöner
wäre, mich wieder im Fluss abzukühlen, so wie früher."

„Und ich glaube, ich suche mir dort gleich ein neues Schneckenhaus."

Da wanderten die beiden Freunde glücklich zurück.

Fietje fährt zur See

Fietje, der kleine Hafenkater, liebte Fisch über alles. Jedes Stückchen, das die Fischer wegwarfen, fraß er auf. Manchmal, wenn niemand hinguckte, stibitzte er sogar einen ganzen Fisch, der auf dem Markt verkauft werden sollte.

„Bekommst du denn nie genug davon?" fragte ihn seine Freundin, die Möwe. Fietje schüttelte nur den Kopf und knabberte weiter an einer leckeren Sardine. Er war einfach unersättlich!

Eines Tages hatte Fietje einen großartigen Einfall. „Es gibt nur einen Ort, an dem ich lieber wäre als im Hafen", vertraute er der Möwe an, „nämlich auf einem Boot. Als Bootskater könnte ich so viel Fisch fressen, wie es mir gefällt."

Also schlich er sich am nächsten Morgen, als gerade keiner der Fischer achtgab, an Bord der *Salzigen Sardine*, dem größten Fischkutter im Hafen.

Die Fischer waren so beschäftigt, dass ihnen nicht auffiel, wer sich da unter einer alten Plane versteckt hatte.

Die See war ruhig, das Boot lief aus, und Fietje träumte selig von
all dem Fisch, den er schon bald zu fressen bekommen würde.
Als die Fischer ihre Netze einholten, wollte Fietje seinen Augen
nicht trauen. Er war im Katzenhimmel! Noch nie im Leben hatte
er so viele Fische auf einmal gesehen. Es gab Makrelen, Kabeljau,
Heringe. Und es gab Fietjes Lieblingsfisch: Sardinen!
Der Fang war so groß, dass niemand bemerkte, wie ein paar der
Fische unter der alten Plane verschwanden. Auch merkte
niemand, wie die Gräten an der anderen Seite wieder herausflogen.

Fietje fraß, bis er nicht mehr konnte. Dann rollte er sich zusammen, um ein Nickerchen zu machen. Doch kaum war er eingeschlafen, da passierte etwas Merkwürdiges.

Die *Salzige Sardine* fing an zu quietschen und zu ächzen. Dann schlingerte sie mächtig. Wasser sprühte über Deck, als das Boot sich mit den Wellen hob und senkte. Auf und ab, auf und ab schaukelte es auf der rauen See.

In Fietjes Kopf drehte sich alles, und sein Magen verkrampfte sich. Oojeh, wie sehr er sich jetzt wünschte, nicht so viel Fisch gefressen zu haben. Und wie sehr er sich wünschte, an Land geblieben zu sein.

„Ich werde ertrinken", jammerte Fietje, als eine besonders hohe
Welle über seine Plane spülte.
Bis auf die Haut durchnässt spähte Fietje aus seinem Versteck
hervor, um zu sehen, was die Fischer taten.

Er war verwirrt. Statt umherzulaufen und zu schreien, verrichteten sie seelenruhig ihre Arbeit. Einer von ihnen, den Fietje für den Kapitän hielt, pfiff sogar ein Liedchen. Und ein anderer aß ein Wurstbrötchen. Für die Fischer war das anscheinend ein ganz normaler Arbeitstag und normaler Wellengang. Als die *Salzige Sardine* endlich wieder im Hafen anlegte, konnte Fietje gar nicht schnell genug von Bord springen.

„Wie geht es einem denn so als Bootskater?", fragte die Möwe später am Abend.

„Ooch, weißt du", erwiderte Fietje, nachdem er ein Stück Sardine hinuntergeschluckt hatte, „Boote sind nicht schlecht, aber der Hafen ist mir lieber. Außerdem: Was soll ich kleiner Kater schon mit diesen Unmengen von Fisch anfangen?"

Die Zuckerfee und der Schmetterling

„Liebe Zuckerfee", sagte die Feenkönigin, „ich habe eine sehr wichtige Aufgabe für dich."
Die Zuckerfee erledigte immer die wichtigsten Aufträge. Die Feenkönigin sagte, sie sei eben die netteste und hilfsbereiteste Fee weit und breit.

„Bitte schneidere mir ein Ballkleid aus Rosenblüten für meinen Geburtstagsball in der nächsten Woche."

„Mit Vergnügen", antwortete die Zuckerfee fröhlich. Sie hatte gerne viel zu tun und fing sofort an zu arbeiten. Die Zuckerfee sammelte Spinnennetze, aus denen sie den Faden gewann, und Rosenblüten für das Kleid. Während sie noch Fäden sammelte, traf sie einen Schmetterling, der gefangen in einem Spinnennetz hing. „Ach, du Armer", seufzte die Zuckerfee. Sie ließ sofort alles stehen und liegen und kümmerte sich um den Schmetterling. Vorsichtig befreite sie ihn endlich aus dem Netz. Einer seiner Flügel war gebrochen, und die Zuckerfee legte den Schmetterling auf eine Liege aus Federn. Es ging ihm sehr schlecht, und er war halb verhungert. Die Zuckerfee holte Nektar aus einer besonderen Blüte und gab ihm tropfenweise zu trinken. Dann sprach sie einen heilenden Zauberspruch für seinen Flügel.

Jeden Tag fütterte sie ihn mit dem Nektar und sprach dabei jedes
Mal den Zauberspruch.

Nach sechs Tagen ging es ihm besser, und er war der Zuckerfee
sehr dankbar. Inzwischen hatte die Zuckerfee jedoch sehr viel
Zeit verloren.

„Niemals bekomme ich das Ballkleid der Feenkönigin bis morgen
fertig", weinte sie. „Was soll ich bloß tun?"

Der Schmetterling tröstete sie.

„Mach dir keine Sorgen, Zuckerfee. Wir helfen dir." Er holte alle
seine Freunde: gelbe, blaue, rote und braune Schmetterlinge.
Er erzählte ihnen, dass die Zuckerfee ihn aus dem Spinnennetz
gerettet hatte.

Die Schmetterlinge sammelten viele, viele Rosenblüten und ließen sie neben der Zuckerfee fallen. Dann flogen sie wieder fort, um noch mehr Spinnennetze zu holen.

Die Zuckerfee ordnete die Rosenblüten zu einem Muster. Ihre Hand flog mit Nadel und Faden über die Blätter und machte ganz feine Stiche. Dann nähte sie noch Bänder und Schleifen an das Kleid. Als die Zuckerfee fertig war, strahlte sie.

„Mein lieber Freund", sagte sie zu dem Schmetterling. „Ohne deine Hilfe wäre ich niemals mit diesem Kleid fertig geworden."
„Ich würde ohne dich nie wieder fliegen", sagte er.
Die Feenkönigin war entzückt von ihrem neuen Ballkleid. Als sie die Geschichte von dem Schmetterling hörte, schrieb sie ein Dankeschön-Gedicht für die Zuckerfee:

Die Zuckerfee und der Schmetterling

Die Zuckerfee ist hilfsbereit,
lieb und freundlich allezeit.
Sie arbeitet tagein, tagaus,
das macht ihr aber gar nichts aus.
Krank, verletzt oder auch mal wund –
die Zuckerfee macht uns gesund.
Sie wirkt mit Zauber und Magie,
bringt Freude uns und Harmonie.

Margarete und die Blumen

Jedes Jahr gab es einen Wettbewerb auf dem Hof. Und alle machten mit, denn der Gewinner erhielt immer einen Preis. Der Wettbewerb konnte sich um alles Mögliche drehen. In einem Jahr gab es einen Preis für das schönste lila Gemüse, ein anderes Mal für die knubbeligsten Knie. (Diesen Preis gewann natürlich die Ente Gerda.) Einmal wurde ein Preis ausgesetzt für den, der „Chrysanthemen" buchstabieren konnte. Diesen Preis gewann niemand, denn wer kann schon „Chrysanthemen" richtig buchstabieren? Dieses Jahr sollte es einen Preis für den schönsten Blumenstrauß geben. Doch wer sollte den Gewinner bestimmen?

Die meisten Hoftiere waren in den letzten Jahren schon Preisrichter gewesen. Manche von ihnen sogar mehrmals.

Wenn sie das Huhn Nelly zum Preisrichter machten, würde es sich selbst zum Gewinner ernennen. Das tat Nelly immer. Das Schaf Frieda blieb mit seiner Wolle immer und überall hängen. Stets riss es die Tische und Stühle um, an denen es vorbeiging.

Walburga, das Schwein, bekleckerte alles mit Schlamm.

Rambo, das große Pferd, passte nicht einmal in das Zelt hinein!

Aber Margarete, die Ziege, wollte die Aufgabe gern übernehmen. Sie erzählte den anderen, wie sehr sie Blumen mochte. Warum also nicht?

Und so wurde Margarete zur Preisrichterin ernannt.

Bald brach der große Tag an. Alle waren schon seit Tagen mit den Vorbereitungen beschäftigt. Das Zelt war voller Blumen, voller Farben und Licht. Es gab keine braunen Blätter und keine Raupen auf den Blättern. Es duftete nur herrlich nach Rosen, und die Tiere warteten gespannt darauf, dass der Wettbewerb endlich eröffnet wurde.

Als Erste ging Margarete, die Preisrichterin, hinein. Sie sah überaus wichtig aus. Dann folgten die anderen Tiere, eines nach dem anderen. Übrig blieb Rambo, das Pferd, das nur seinen Kopf ins Zelt steckte.

Margarete wurde zum ersten Strauß geführt.

„Ich soll also einfach aussuchen, welche Blumen ich am liebsten mag?", fragte Margarete.

„Ja, wir gehen am Tisch entlang, und der Strauß, der deiner Meinung nach der beste ist, erhält den Preis. Dies hier ist Walburgas Strauß. Sie hat den ganzen Vormittag daran gearbeitet."

„Es sind Gänseblümchen und Löwenzahn", erklärte Walburga stolz. Die Blumen waren weiß und gelb und sahen in dem leuchtend blauen Krug sehr hübsch aus. Margarete betrachtete sie eingehend. Sie schnüffelte ausgiebig an ihnen, dann fraß sie sie auf. Die anderen Tiere waren sprachlos! Sie konnten nur mit großen Augen zusehen, wie Margarete zum nächsten Strauß aus Butterblumen und Rosen ging.

Auch diese Blumen fraß die Ziege! Sie legte den Kopf auf die Seite, schloss die Augen halb und machte ein nachdenkliches Gesicht, während sie den Geschmack von Butterblumen und Rosen mit dem von Gänseblümchen und Löwenzahn verglich.

Weiter ging es mit Schlüsselblumen und Geißblatt, die Margarete ebenfalls fraß. Dann fraß sie Klatschmohn und Kriesantem, Krüsantem, ääh Christmateen … also Klatschmohn und eine andere Blume, deren Namen niemand buchstabieren kann! Margarete rümpfte die Nase.

„Ein wenig säuerlich", fand sie. Endlich drehte sie sich um und stellte fest, dass die anderen Tiere sie verdattert anstarrten.

„Ja, was?", fragte sie verwirrt. „Was ist los?"

Rambo erwiderte milde: „Du solltest beurteilen, wie hübsch die Blumen sind!"

Margarete und die Blumen

Margarete war irritiert. „Wie, Blumen kann man auch hübsch finden?" Alle brachen in Gelächter aus. Sie mussten Margarete den Wettbewerb noch einmal ganz genau erklären. Sie fand den Gedanken, Blumen einfach nur anzusehen, wirklich absonderlich. Die Zeit reichte nicht mehr, noch einmal Blumen zu pflücken und neue Sträuße zu binden. Stattdessen verliehen sie Walburga den Preis, denn Margarete hatte entschieden, dass Walburgas Strauß aus Gänseblümchen und Löwenzahn am besten geschmeckt hatte.

Am Ende erhielt die Preisrichterin, wie jedes Jahr, als Anerkennung für ihre Mühe einen Blumenstrauß. Margarete freute sich sehr – und fraß ihn auf!

Wo ist Lenny?

Das war ein grauer Tag, doch Lenny und Lulu sprangen vergnügt über Kisten, Kästen und durch alte Autoreifen. Mutter Hattie blickte in die dunklen Wolken. „Lasst uns alles in Sicherheit bringen", sagte sie, „bevor es anfängt zu regnen." Jeder packte mit an – oder etwa nicht? Lenny war dabei, etwas auszuhecken.

Kichernd ergriff er Lulus Teddybär und rannte die Schmuddelgasse hinunter.

Lulu weinte schrecklich, denn Teddy war ihr Lieblingsspielzeug.

Als Lulu auf ihn zu rannte, warf Lenny den Teddy hoch in die Luft,
drehte sich um und rief: „Komm, Lulu, hol dir deinen Teddy!"

Er flog weit über Lulus Kopf hinweg – und verschwand hinter
einer hohen Mauer. Das roch nach Ärger.

Die kleine Lulu weinte und jammerte und beschwerte sich bei
ihrer Mutter über Lenny.

„Lenny, du bist wirklich ungezogen", sagte Hattie verärgert. „Du weißt genau, dass ihr in diesem Teil der Gasse nicht spielen sollt." „Sei nicht traurig, kleine Lulu", sagte Onkel Bert. „Archie und ich werden deinen Teddy wiederfinden."

Lenny zitterte und biss sich auf die Lippen.

„Warum musst du nur immer solchen Ärger machen!", sagte Hattie. „'Tschuldigung, Mammi", flüsterte Lenny, und eine dicke, salzige Träne kullerte über sein Gesicht. „Ich kann doch nichts dafür", dachte er. „Ich wollte doch den dummen alten Teddy nicht verlieren." Lenny schniefte laut, schlich hinüber zum großen Tor und spähte durch die Eisenstäbe. Mutter hatte verboten, durch dieses Tor zu gehen.

„Ich weiß nicht, warum", dachte Lenny, „aber ich weiß, dass Teddy irgendwo dahinter ist. Ich muss ihn einfach wiederfinden." Und so zwängte er sich zwischen den Eisenstäben hindurch …

Kurz darauf stand Lenny am Rand einer großen Baustelle. Überall lagen Holzplanken herum und Haufen von Backsteinen. Ein großartiger Platz zum Spielen! Ich verstehe nicht, warum Mammi mir verbietet herzukommen", lachte er. „Das ist wie ein Abenteuerspielplatz!"

Der kleine freche Kater vergaß alle Traurigkeit. Schon bald kletterte er auf den Leitern herum und lief hoch über der Erde über Holzplanken hinweg, obwohl es angefangen hatte zu regnen.

„Ich bin ‚Lenny, der Pirat'!", lachte er. Plötzlich blieb er stehen und blickte durch den dichten Regen. „Und da ist Teddy!" rief er.

Als Lenny den Bär ergriff, kippte die Holzplanke unter seinen Füßen. Durch den Regen war sie sehr rutschig geworden, und so rutschte er … tiefer und tiefer und fiel geradewegs in eine tiefe Schlammgrube. Nun landen Katzen immer auf ihren Füßen, und so blieb Lenny unverletzt. Doch jetzt saß er fest. „Mammi! Maa-mii!", miaute er.

Inzwischen suchte Hattie schon die ganze lange Schmuddelgasse ab. „Wo ist Lenny?", fragte sie alle. Aber niemand hatte ihn gesehen. „Geh zu den Hunden", sagte sie zu Archie, „und bitte sie uns zu helfen, meinen armen Lenny zu finden."

Archie kam mit Harry und seiner Bande zurück. „Keine Sorge, Hattie", sagte er. „Wir finden ihn."
Und so rannten alle Hunde und Katzen hinaus und bellten und miauten Lennys Namen in den Regen. Am Ende der Gasse beschnüffelte Foster, der Schäferhund, das Eisentor.
„Er ist hier drin!", rief Fleckie, der Hund mit dem schwarzen Fleck über dem linken Auge. „Ich höre ihn schreien!"
„Keine Angst", rief Harry. „Wir holen dich raus!"
Foster, Harry und Bert ließen ein dickes Seil zu Lenny hinab. Der kleine Kater krallte sich daran fest – und wurde sicher heraufgezogen.
„Ich wollte dich nicht ärgern", schniefte Lenny, als er Lulu den Teddy entgegenstreckte. „Wir haben uns solche Sorgen gemacht!", sagte Hattie. „Es tut mir wirklich leid, Mammi!", schniefte Lennie.

Hattie lächelte leise und drückte ihren kleinen frechen Katersohn an die Brust. „Schon gut", sagte sie. „Hauptsache, du bist wieder da."
Darauf gingen alle Gassenkatzen zurück in die Schmuddelgasse – für ein anständiges Katzennickerchen!

Die unersättliche Kati

Das kleine Labradormädchen Kati fraß für sein Leben gern. Doch was Kati fraß, und wem es gehörte, kümmerte sie nicht. „Du wirst noch dick und fett", warnte Hofkater Tom. Aber Kati war vollauf mit ihrem leckeren Knochen beschäftigt und hörte nicht zu.

Einmal war Kati in besonders gefräßiger Stimmung. Noch vor
dem Frühstück schlich sie in die Küche und fraß Toms Trockenfutter
auf. Nach einem Frühstück mit Milch und Sardinen legte sie eine
kleine Pause ein. Dann futterte sie sich durch den Pferdehafer.
Das Pferd schien das nicht zu stören.

Danach machte Kati ein kurzes Nickerchen. Beim Aufwachen war sie wieder hungrig, also stibitzte sie die größten Leckerbissen aus dem Schweinetrog. Aber sie musste ja noch Platz für das Mittagessen lassen! Und nach dem leichten Mittagessen hatte Kati noch immer ein wenig Appetit. Deshalb verschlang sie die Fleischpastete von Bauer Schulze. Die stand auf der Fensterbank, also wollte er sie doch offenbar nicht selbst essen!

Dann stieß Kati die Mülltonne um und stöberte in den Küchenabfällen. Sie fand die köstlichsten Essensreste. Kaum zu glauben, was manche Leute wegwarfen!

Es war gerade noch Zeit für ein kurzes Schläfchen, bevor Kati sich zur Melkzeit in den Kuhstall schlich.
Kati naschte gern von der frisch gemolkenen Milch, wenn Bauer Schulze nicht hinsah.

Das Abendessen aber war Katis Lieblingsmahlzeit. Den großen Napf mit Fleisch und Trockenfutter leerte sie in null Komma nichts. Bevor sie schlafen ging, machte Kati dann noch eine Runde über den Hof und vertilgte die Körner, die die Hühner übrig gelassen hatten.

Es sollte schließlich alles ordentlich und sauber sein!

Als Kati gerade einen schmackhaften Brotknust kaute, sah sie aus dem Augenwinkel einen schwarzen Schatten. Der Hofkater Tom machte seinen abendlichen Rundgang.

Toms Abendessen zu stibitzen, wenn er gerade nicht hinschaute, war Katis Lieblingsbeschäftigung.

Kati schoss über den Hof an der Scheune vorbei auf die Katzenklappe zu.

„WUFF! WUFF!", jaulte Kati kläglich. Sie steckte in der Katzen-klappe fest! Die unersättliche Kati hatte so viel gefressen, dass ihr dicker Bauch nicht mehr durch die Öffnung passte.

„Ha, ha!", lachten die Tiere. Sie fanden das nur fair, da Kati ja allen das Futter weggefressen hatte.

Der Lärm hatte Tom angelockt. „O je!", seufzte er, als er die Be-scherung sah. Er packte Katis Beine und zog daran. Dann schob er sie. Aber es hatte alles keinen Zweck, Kati steckte fest.

Jetzt halfen alle Tiere. Sie zogen und zogen, bis Kati – schwupps! – durch die Klappe rutschte.

Die arme Kati schämte sich so sehr, dass sie nie wieder das Futter der anderen anrührte – es sei denn, man bot ihr etwas an!

Nessie vom See

Nessie war ein schüchternes Monster und sehr groß – so groß, dass es kaum in ein Schwimmbecken passen würde! Glücklicherweise lebte es in einem großen, tiefen See, wo niemand es je zu sehen bekam. Und Nessie war viel zu schüchtern, um auf jemanden zuzugehen. Einmal versuchte es, sich mit einem kleinen Fisch anzufreunden, aber der biss es verschreckt in die Nase und schwamm schnell davon. Nessie war sehr enttäuscht. Wie sehr es sich doch einen Freund wünschte!

Eines schönen Tages tauchte Nessie aus der Tiefe des Sees auf und sah einen kleinen Jungen, der mit seinem Großvater am Ufer saß und angelte. Der Junge hatte eine Angel und ein Netz sowie einen leuchtend roten Eimer. Er angelte den ganzen Tag, fing aber nichts. Am nächsten Tag sah Nessie den beiden wieder zu. Aber auch diesmal fing der kleine Junge nichts.

„Achte darauf, Bennie, wo die Wasseroberfläche sich kräuselt", sagte der Großvater. „Wo das Wasser sich kräuselt, da sind Fische!" Dann schlummerte der Großvater ein.

Bennie beobachtete die Oberfläche des Sees. Nessie beobachtete Bennie. Das Wasser war glatt und ruhig.

Da beschloss Nessie, sich Bennie vorsichtig zu nähern ... noch ein wenig näher ... und noch näher.

Bennie betrachtete die Wellen auf dem See. Er sah, dass sie näher kamen ... näher ... und noch näher.

„BUH", machte Nessie, als es plötzlich den Kopf aus dem Wasser streckte.

„Hoppla!", rief Bennie mit großen Augen. „Du bist ja gar kein Fisch – du bist ein Monster!"

Nessie probierte ein freundliches Lächeln, bei dem es alle Zähne zeigte.

„Frisst du mich jetzt?", fragte Bennie ängstlich.

„Aber nein", sagte Nessie. „Ich will dein Freund sein."

„Du hast aber viele große Zähne", stellte Bennie fest.

„Tatsächlich?", fragte Nessie. „Machen sie dir Angst?"

„Nicht, wenn du lächelst", sagte Bennie. Nessies Lächeln wurde noch breiter.

„Ich heiße Bennie", stellte Bennie sich vor. „Und du?"

„Nessie", erwiderte das Monster. „Was tust du da?" fragte es Bennie.

„Ich versuche, einen Fisch zu fangen, aber ich habe kein Glück."

„Ich helfe dir", versprach Nessie. „Verlass dich auf mich!" Und schon schwamm es eilig zur Mitte des Sees. Dann tauchte es ab. Bennie wartete und beobachtete den See. Lange starrte er auf die Wasseroberfläche, bis er die Stimme seines Großvaters hörte:

„Aufwachen, Bennie!"

„Ich bin doch wach", erwiderte Bennie. „Du rätst nie, mit wem ich gesprochen habe, Opa!"

„Mal überlegen", sagte der Großvater. „Mit der Hexe Wackelzahn?"

„Nein", antwortete Bennie, „natürlich nicht!"

„Mit dem gestiefelten Kater?"

„Ach, Opa!"

„Mit wem denn?"

„Mit Nessie natürlich, dem Seemonster!", rief Bennie.

„Du hast geträumt, Bennie." Der Großvater lächelte.

„Eben nicht", widersprach Bennie. „Es ist ganz nah gekommen. Und mit Wasser hat es mich bespritzt, obwohl es das nicht wollte. Guck mal, meine Stiefel sind ganz nass." Der Großvater schaute hin.

„Und es hat versprochen, mir zu helfen, einen Fisch zu fangen",
ergänzte Bennie.

„Jetzt wird es aber Zeit zu gehen", sagte der Großvater. „Vergiss
deinen Eimer nicht!"

Bennie griff nach dem Eimer.

„Opa!", rief er. „Guck mal!"

Der Großvater schaute hin. In Bennies Eimer schwamm der
schönste blau-goldene Fisch, den er je gesehen hatte.

„Ich werd' verrückt", murmelte der Großvater.

Bennie strahlte nur. Vorsichtig kippte er den Fisch in den
See zurück und rief laut: „Bis morgen, Nessie!"

Und von der Mitte des Sees aus winkte ein
großes, schüchternes Monster zurück.

Gundula und der Traktor

Der kleine gelbe Traktor hielt neben Gundula, der Kuh. Der Bauer lehnte sich aus dem Fenster.

„Aufstehen, Gundula!", rief er. „In einer Woche ist die große Schau der Hoftiere. Wie willst du zur besten Kuh gewählt werden, wenn du den ganzen Tag faul herumliegst und immer dicker wirst? Was bist du nur für ein Faulpelz!"

„Ich liege gern hier", erwiderte Gundula. „Um mich herum habe ich genug Gras zu fressen. Ich brauche nicht einmal aufzustehen!"

„Früher warst du einmal die Nummer Eins der Hoftierschau!",
klagte der Bauer. „Möchtest du das nicht wieder sein?"
Gundula kaute ihr Gras und dachte darüber nach.
„Hmmm, nein!", antwortete sie gelassen.
Der Bauer wusste nicht, was er tun sollte. Alle seine Tiere ge-
wannen Preise, nur Gundula nicht. Vielleicht hatten sie eine Idee,
wie er Gundula dazu bringen konnte, wieder fit und ansehnlich
zu werden.

Er fuhr mit dem kleinen gelben Traktor über den Hof und fragte die Tiere um Rat.

Gustav, das Schwein, sagte: „Sie ist zu farblos! Mal sie rosa an, mit braunen Punkten. Bei mir wirkt das immer!"

Zicke, die Ziege, sagte: „Sie frisst zu viel Gras. Gib ihr Zeitungs-papier zu fressen. Bei mir wirkt das immer!"

Jockel, der Hahn, sagte: „Ihr Schwanz ist zu dünn. Kleb ihr ganz viele bunte Federn ans Hinterteil. Bei mir wirkt das immer!"

Der Bauer war enttäuscht. Diese Vorschläge waren nicht zu gebrauchen. Da sagte der kleine gelbe Traktor: „Ich weiß, wie ich Gundula wieder zur Kuh Nummer Eins mache."

Die Tiere schnaubten und lachten. Wie wollte ein Traktor das schaffen? Doch der Bauer antwortete nur: „Tu bitte, was du kannst, kleiner gelber Traktor!"

Also werkelte der kleine gelbe Traktor geschäftig in seinem Schuppen, summte vor sich hin und probierte all seine Zubehörteile aus. Zuerst montierte er sich seine große Baggerschaufel an und fuhr damit zu Gundula.

„Gundula, geh bitte auf die kleine Weide!"

„Will aber nicht!", antwortete Gundula.

Also nahm der kleine gelbe Traktor Gundula zu ihrer großen Verärgerung auf die Baggerschaufel und brachte sie darin zu der kleinen Weide. „Es ist nur zu deinem Besten", erklärte er.

Danach hängte sich der kleine gelbe Traktor seinen Pflug an und fing zur Verwunderung aller an, das Gras in der Mitte der Weide um- zupflügen.

Am nächsten Tag pflügte der kleine gelbe Traktor ein weiteres Stück der Weide um. Der gepflügte Teil der Weide wurde immer größer, der mit Gras bewachsene immer kleiner.

„Hilfe!", schrie Gundula. „Ich habe nicht mehr genug zu fressen! Ich nehme ab!"

Da legte der kleine gelbe Traktor den Grasschneider an. Damit mähte er alles Gras ab, das noch übrig war. Wenn Gundula sich jetzt wieder hinlegte, fand sie nicht mehr genug zu fressen.

Sie musste sich anstrengen, um noch etwas zu finden. Schon war sie dünner geworden, und die viele Bewegung brachte ihr Fell zum Glänzen.

Doch der kleine gelbe Traktor war noch nicht fertig. Er lud einen Ballen Heu für Gundula auf, doch als sie herbeigelaufen kam, um es zu fressen, fuhr er weg, und Gundula musste hinterherlaufen, um Schritt zu halten. Am Ende des Tages war sie sehr müde, aber auch gesund und fit.

Inzwischen hatte der kleine gelbe Traktor fast alle seine Geräte einmal benutzt. Zuletzt kam er mit der Wasserspritze, um Gundula ordentlich abzuspritzen, und da stand Gundula vor ihm: schöner als je zuvor!

Gundula ging zu der Schau und wurde natürlich zur Kuh Nummer Eins gewählt. Man hängte ihr ein hübsches blaues Band um den Hals, und der Bauer erhielt einen feinen Pokal. All das hatte er nur dem kleinen gelben Traktor zu verdanken!

Prinzessin Röschen

In einem weit entfernten Land lebte einst in einem herrlichen Palast eine kleine Prinzessin. Ihre Eltern nannten sie Röschen, weil sie an ihrem linken Fußknöchel einen rosa Fleck in Form einer Rose hatte.

Zu ihrem dritten Geburtstag bekam Prinzessin Röschen ein hübsches weißes Pony geschenkt. Die Prinzessin ritt auf ihrem Pony aus, begleitet von ihrem Kindermädchen und einem Stallburschen. Als sie zum Waldrand kamen, hielten sie an, um Rast zu machen. Das weiße Pony wurde an einen Baum gebunden. Das Kindermädchen und der Stallbursche schwatzten miteinander, während die Prinzessin einem Waldpfad folgte und Blumen und Blätter pflückte.

Keiner bemerkte, wie weit die kleine Prinzessin sich in den Wald hineingewagt hatte. Schon bald konnte Prinzessin Röschen weder das Kindermädchen und den Stallburschen noch ihr Pony sehen. Verzweifelt rief sie immer wieder nach ihrem Kindermädchen, aber niemand hörte sie. Allmählich wurde es dunkel. Die kleine Prinzessin bekam Angst und fing an zu weinen.

Prinzessin Röschen lief immer weiter, bis sie ein Licht durch die Bäume schimmern sah. Dort stand ein kleines Haus mit einem Strohdach, winzig kleinen Fenstern und einer kleinen Holztür. Die Tür wurde geöffnet und eine kleine alte Frau erschien. Die alte Frau war blind und konnte die kleine Prinzessin nicht sehen, aber sie konnte das Weinen eines Kindes hören. Die Frau war sehr gütig. Sie holte die kleine Prinzessin in ihr Haus und setzte sie an das warme Feuer. Dann gab sie ihr Weißbrot mit Honig zu essen und ein Glas Milch zu trinken.

„Wie heißt du, mein Kind?", erkundigte sie sich.

„Röschen", erwiderte die Prinzessin. „Ich habe mich im Wald verlaufen."

„Du kannst bei mir bleiben, bis dich jemand findet, mein Liebes", sagte die nette alte Frau.

Der König und die Königin daheim im Palast waren außer sich vor Zorn und Angst, weil ihre Tochter verschwunden war. Sie setzten eine Belohnung von tausend Goldmünzen für denjenigen aus, der die Prinzessin zurückbrachte. Doch Jahre vergingen, und niemand fand die kleine Prinzessin. Der König und die Königin glaubten, sie würden ihr Kind nie wiedersehen.

Inzwischen lebte Röschen glücklich und zufrieden im Wald. Sie hatte völlig vergessen, dass sie einmal eine Prinzessin gewesen war. Sie vergaß, dass sie einmal in einem Palast gelebt hatte, sie vergaß ihre feinen Kleider und Juwelen. Sogar ihr weißes Pony vergaß sie.

Eines Tages, sie war schon fast eine junge Dame, kam ein Pony vorbeigaloppiert. Es war weiß wie Milch, und sein Sattel und Zaumzeug waren mit Juwelen besetzt.

Röschen schloss das Pony sofort in ihr Herz. Sie stieg auf, und sogleich galoppierte das Pony mit ihr fort.

Es brachte sie zum Tor des Palastes. Röschen war, als hätte sie den Palast schon einmal gesehen, konnte sich aber nicht erinnern, wann. Bevor es dunkel wurde, brachte das Pony sie zu dem Häuschen im Wald zurück.

Am nächsten Tag kam es wieder, und wieder besuchten sie den Palast. Am dritten Tag jedoch stand das Tor zum Palast offen. Das Pony trabte hindurch, gerade als der König und die Königin im Park spazieren gingen. Sie sahen das Mädchen auf dem Pony und fanden, dass dies das hübscheste Mädchen sei, das sie je gesehen hatten.

„Wie heißt du, Kind?", fragte die Königin sie.

„Röschen, eure Hoheit", antwortete Röschen.

„Ach", seufzte die Königin betrübt, „so heißt auch unsere seit langem vermisste Tochter."

Als Röschen auf das Pony stieg, um wieder nach Hause zu reiten, entdeckte die Königin das Hautmal an ihrem linken Fußknöchel. Sie wollte ihren Augen kaum trauen.

„Mein Gemahl!" rief sie zum König, „es ist unsere Tochter, unser Röschen!"

Das ganze Königreich freute sich zu hören, dass die Prinzessin zurückgekehrt war. Der König bot der alten Frau eine Belohnung an, weil sie für die Prinzessin gesorgt hatte. Die aber schüttelte den Kopf.

„Ich möchte nur bis ans Ende meiner Tage in Röschens Nähe sein", sagte sie. Und so kam es, dass die alte Frau bei Röschen im Palast leben durfte.

Hilfe! Feuer!

Die Schmuddelgasse lag in gleißendem Sonnenlicht.
„Puuh, ist das heiß heute!", dachte Hattie und suchte ein schattiges Plätzchen für ihr Nickerchen.
Alle versuchten, sich vor der Sonne zu verstecken – alle, außer Vetter Archie! Archie bemerkte gar nicht, wie die Sonne durch das Glas der leeren Milchflaschen brannte. Ihre Strahlen zielten genau auf Hatties Mülltonne voller alter Zeitungen – ein perfekter Brandherd!

Plötzlich stach Hattie etwas in der Nase. „Was ist das?", schnupperte sie verwundert. „Riecht nach Rauch. ... Das *ist* Rauch!", rief sie erschrocken und sah lauter rote und gelbe Flammen aus ihrer Mülltonne emporzüngeln.

„Hilfe! – F-e-u-e-r! – Wach auf, Bert!", schrie sie. „Meine Mülltonne brennt!"

Onkel Bert streckte verschlafen seinen Kopf aus seiner Tonne.

„Ich hab geträumt", gähnte er, „deine Tonne stünde in Flammen, Hattie."

„Meine Tonne *steht* in Flammen!", schrie Hattie.

Der Krach riss die Zwillinge aus ihren Träumen. „Mammi, was ist los?", miauten sie.

Hattie schnappte die Katzenkinder und brachte sie auf den Zaun in Sicherheit.

„Hurra!", rief Bert, als er einen Eimer, halb voll mit Wasser, fand.
„Damit löschen wir das Feuer."

„Archie!", rief er. „Komm, hilf mir!"

Bert und Archie kamen mit dem Eimer zwischen sich die Gasse entlanggelaufen. Dann zielten sie genau – und ... SPLÄÄÄSCH! Das gab ein lautes Zischen.

„Hurra!", rief Bert erleichtert. „Geschafft!"

Doch plötzlich sahen sie, dass ein Feuerfunke auf dem Abfall neben der Tonne gelandet war.

„Oh nein!", jammerte Archie. „Der Müll brennt! Hilfe!", kreischte er, als er die Gasse entlanglief, um die Hunde zu wecken. „Hatties Tonne steht in Flammen. Das Feuer breitet sich aus, und wir können es nicht löschen!"

Aber niemand rührte sich. Archie hatte schon oft den Hunden Streiche gespielt, sodass sie heute einfach nicht reagierten. Harry öffnete faul ein Auge. „Der ist gut, Archie!", sagte er lächelnd.

„Aber es ist wahr!", rief Archie verzweifelt. „Sieh doch!"

„Lass das nur keinen deiner Scherze sein, Archie", grummelte Harry. Mit der Pfote schützte er seine Augen vor der Sonne und sah die Schmuddelgasse hinauf.

Als er die Rauchschwaden sah, erkannte er, dass der Gassenkater diesmal die Wahrheit gesagt hatte.

„Okay, Archie!", bellte Harry. „Schnell, alle Mann bereit!"

Die Hunde rannten durch dicke, beißende, stinkende Rauchschwaden auf das Feuer zu.

Alle Katzen husteten und prusteten. Doch Harry wusste, was zu tun war.

„Schnell", sagte er. „Alle Mann an die Regentonne! Und nehmt alles, womit man Wasser tragen kann."

Die Katzen und Hunde brachten lauter alte Eimer und Blechdosen und bildeten eine lange Schlange. Tante Lucy stand an der Regentonne und füllte die Behälter. Dann wurde das Wasser schwappend und spritzend von einer Pfote zur nächsten gereicht – und Harry schüttete es ins Feuer.

Plötzlich schrie Lucy auf. „Das Wasser ist alle!"

„Oh nein!", rief Archie. „Wir schaffen es *nie*, das Feuer zu löschen!"

Die Gassenkatzen und -hunde starrten verzweifelt in die Flammen. Was konnten sie nur tun? Sie brauchten unbedingt mehr Wasser!

„Ich hab eine Idee", keuchte Lenny. Mit seiner Schwester und Pudy verschwand er über den Zaun in den Garten. Als sie zurückkamen, zogen sie einen Schlauch hinter sich her.

Harry nahm die Schlauchspitze, und Bert sprang über den Zaun und rannte zum Wasserhahn.

Ein heftiger Wasserstrahl
schoss aus dem Schlauch,
als er den Hahn aufdrehte.
Alles wurde nass – und alle
applaudierten! Auch die
Katzen und Hunde wurden
nass, doch niemand machte
sich etwas daraus. Das
züngelnde Feuer ging
endlich aus.
„Ihr Kleinen habt euch eine
Belohnung dafür verdient,
dass ihr unsere Gasse
gerettet habt!", bellte Harry.

„Hundekuchen für
dich, Pudy – und
Katzenleckerli für
die Zwillinge."
„Ein dreifaches
‚Hoch' für Lenny,
Lulu und Pudy!",
rief Archie. „Hip-
hip ... Hurra!"

Leo findet einen Freund

Leo war ein schüchterner Löwe. Seine Eltern und Geschwister waren alle viel mutiger. Manchmal war er traurig, weil er gar keine eigenen Freunde hatte.

„Mama", fragte er eines Tages, „warum will eigentlich keiner mit mir spielen?"

„Weil die anderen Tiere denken, sie müssten Angst vor dir haben", antwortete seine Mama.

„Puh. Warum sollte sich irgendwer ausgerechnet vor mir fürchten?"

„Weil du ein Löwe bist", sagte seine Mama.

Es war ein schöner Tag, und Leo war davon überzeugt, dass er heute bestimmt einen Freund finden würde.
Er lief zu einigen Bäumen hinüber, in denen kleine Affen spielten.
Als die Affen Leo sahen, kletterten sie rasch in die Baumkronen.
„Hallo", rief Leo.
Keine Antwort. Aber er sah viele Augenpaare, die auf ihn hinunterstarrten.

„Hallo", rief er noch mal, „wollt ihr nicht runterkommen und mit mir spielen?"

Stille. Dann prustete ein Affe verächtlich.

„Hau bloß ab", sagte er grob, „wir können Löwen nicht ausstehen!"

„Warum denn nicht?" Leo lächelte freundlich.

„Eure Zähne sind zu groß", sagte der Affe und kicherte laut.

Leo lief weiter zu einem tiefen Teich, in dem eine Flusspferdmutter mit ihrem Baby badete. Leo sah ihnen eine Weile dabei zu.

„Hallo!", rief er. „Darf ich mit ins Wasser?"

„Nein!"

„Ich möchte aber spielen", sagte Leo.

„Ich auch!", sagte das Flusspferdbaby.

„Oh nein", sagte seine Mutter streng. „Mit Löwen wird nicht gespielt."

„Warum nicht?", fragte das Baby.

„Weil sie dich fressen könnten!"

„Oh je", sagte das Baby.

Verwirrt lief Leo weiter. Er traf einen Vogel Strauß, der den Kopf in den Sand steckte.

„Was machst du denn da?", fragte Leo überrascht.

„Ich verstecke mich vor dir!", antwortete der Strauß schroff.

„Aber ich sehe dich doch!"

„Aber ich sehe dich nicht mehr!", rief der Strauß.

Leo steckte den Kopf in den Sand. Das fühlte sich scheußlich an.

Er bekam Sand in die Augen und in den Mund.

„Grässlich", sagte er und spuckte Sand.

„Komm raus und spiel mit mir", schlug er vor.

„Kommt nicht in Frage", sagte der Strauß.

„Mit Löwen spiele ich nicht,
die brüllen nur!"

Leo lief weiter und kam bald an einer Schlange vorbei, die ein Sonnenbad nahm. Sanft und vorsichtig berührte er die Schlange mit seiner Tatze.

„Spiel mit mir", sagte er.

„Aua!", sagte die Schlange. „Deine Krallen sind aber scharf!"

Jetzt hatte Leo die Nase voll und setzte sich unter einen Baum, um sein Picknick aufzufressen.

Er war ganz allein – keiner in Sicht.

„Ich muss mich wohl damit abfinden, dass ich niemand zum Spielen finde", dachte er.

Plötzlich hörte er eine leise Stimme, die sagte: „Hallo!"
Leo schaute sich um. Hinter einem Baum bemerkte er ein Paar gelber Augen, die ihn scheu ansahen.
„Du willst bestimmt nicht mit mir spielen", sagte Leo mürrisch, „ich kann nämlich laut brüllen."
„Ich auch", sagte die Stimme.
„Und ich habe scharfe Krallen", sagte Leo.
„Ich auch."
„Und große Zähne", sagte Leo.
„Ich habe auch große Zähne", sagte das Stimmchen.
„Wer bist du denn?" Das wollte Leo jetzt doch langsam wissen.
„Ein Löwe natürlich!"
Und ein anderer kleiner Löwe lief auf die Lichtung.
„Ich bin auch ein Löwe." Leo grinste. Sie fraßen gemeinsam das Picknick auf und spielten den ganzen Nachmittag miteinander.
„Ich bin gern ein Löwe", sagte Leo glücklich. Endlich hatte er einen Freund gefunden!

Die Fussballfee

Georgina spielte leidenschaftlich gern Fußball. Leider gab es ein Problem.

„Diese blöden Flügel machen mich wahnsinnig", sagte sie und wackelte nervös mit den Schultern. „Sie sind immer nur im Weg." Die anderen Feen waren entschieden anderer Meinung.

„Schon mal von einer Fee ohne Flügel gehört?", lachte Trixi und drehte sich anmutig.

„Ohne Flügel kann man nicht einmal fliegen", sagte Pippa und
ließ sich auf einer Blume nieder.
„Fliegen ist fantastisch", rief Sissy und verstreute mitten im
Landeanflug glitzernden Feenstaub.
„Komm mir ja nicht zu nahe mit dem Feenstaub", warnte Georgina
ärgerlich und nieste. „Ich gehe gleich Fußball spielen."

„Fußball ist vielleicht gut für Wichtel, aber doch nicht für Feen!",
erklärte Sissy.

„Wenn das so ist, dann möchte ich keine Fee mehr sein!", sagte
Georgina verärgert und stapfte wütend durch das Gras davon.

„Das überlegt die sich noch anders", sagte eine kluge Fee, „wartet
nur ab."

Aber Georgina überlegte es sich nicht anders. Sie zog ihre
Fußballschuhe an und spielte mit den Wichteln.

Es war ein hartes Spiel. Der Ball sprang übers Spielfeld und oft
genug sogar ins Aus. Manchmal landete er in den Bäumen.

Zwei Vögel, die dort oben ihr Nest bauen wollten, hatten langsam genug davon, vor allem, als der Ball einmal ganz in ihrer
Nähe landete.

Georgina flog hoch, um ihn zu holen. „Flügel sind ja doch ganz praktisch", dachte sie, als sie wieder unten war. Sie sah sich rasch um. Hoffentlich hatte sie keiner gesehen. Leider doch! Der Wichtel Bernie, das alte Klatschmaul. Er konnte den Feen nicht schnell genug alles erzählen.

„Aha", nickte die kluge Fee. „Ich wusste doch, dass sie früher oder später ihre Flügel benutzen würde." Aber Georgina wollte noch nicht zu den Feen zurück.

Als sie das nächste Mal Fußball spielte, ging es noch rauer zu. Ein Wichtel schoss den Ball hoch in den Baum bis ins Vogelnest. Darin lag ein Ei! Das Ei fiel heraus, aber die Wichtel merkten nichts. Sie waren damit beschäftigt, sich mit dem Schiedsrichter zu streiten. Also flog Georgina hoch und fing das Ei gerade noch rechtzeitig auf, bevor es am Boden zerbrochen wäre. Dann flog sie wieder hoch zum Nest.

„Vielen Dank", sagte die Vogelmutter streng und setzte sich auf das Ei. „Bitte gebt demnächst besser Acht beim Fußballspielen." Georgina versprach es ihr.

Der petzende Bernie sah sie, als sie wieder hinunterflog. Natürlich erzählte er es den Feen. Sie schauten wissend zu Georgina hinüber.

„Na, was habe ich euch gesagt?", sagte die kluge Fee. „Sie wird bald wieder zu uns gehören wollen."

Vor dem nächsten Fußballspiel sah Georgina erst einmal nach dem Baum. Die Vogelmutter war nicht da.

„Gut!", dachte sie, „dann kann sie wenigstens nicht schimpfen." Aber auch diesmal schoss der ungezogene Wichtel den Ball wieder in das Vogelnest. Ein kleines Federbällchen taumelte heraus.

Die Fussballfee

Ein Vogelbaby! Blitzschnell flog Georgina hin und fing es auf. Sie nahm das Vogeljunge sanft in die Arme und brachte es sicher ins Nest zurück. Zum Schutz bestreute sie es mit Feenstaub. In diesem Augenblick kam die Vogelmutter zurück.

„Ich werde allen erzählen, wie lieb du bist", sagte sie, als ihr Junges wieder unter ihre Federn schlüpfte. „Da du so eine gute Fee bist, möchtest du vielleicht Schnäbelchens Patentante werden?"

„Es ist mir eine Ehre!", sagte Georgina.

Als sie diese Nachricht hörten, waren die anderen Feen sehr stolz auf sie.

Georgina grinste: „Vielleicht ist es ja doch nicht so schlecht, eine Fee zu sein!"

Wibbel und die Erdlinge

Wibbel stammte vom Planeten Xog. Er befand sich auf einer wichtigen Mission: Man hatte ihn zur Erde geschickt, um etwas über die Erdlinge herauszfinden.

Wibbels Raumschiff machte eine ziemliche Bruchlandung auf der Erde, aber zum Glück entstand kein großer Schaden. Wibbel funkte nach Xog und berichtete, dass seine Kamera nicht mehr funktionierte.

„Beschreib uns einfach, wie die Erdlinge aussehen", sagte Käptn Pickel, der Anführer der Xogs, „dann zeichne ich sie. Ende."

„Wird gemacht", antwortete Wibbel. „Ende und aus." Er kletterte aus dem Raumschiff und sah sich um.

Vor sich entdeckte er ein großes Schild, auf dem ZOO stand.

„Was das wohl heißen mag?", überlegte Wibbel.

Wibbel schlurfte zum nächsten Gebäude und öffnete die Tür. Er näherte sich einem hohen Holzzaun und erblickte seinen ersten Erdling. Der Erdling neigte sich mit seinem langen Hals über den Zaun und schleckte Wibbel zur Begrüßung ab.

„Wibbel an Käptn Pickel, Wibbel an Käptn Pickel", rief Wibbel aufgeregt in sein Funkgerät. „Dieser Erdling ist freundlich und so groß wie ein Baum. Er hat einen langen Hals und kleine Hörner auf dem Kopf. Ende."

Wibbel las das Schild am Gehege: GIRAFFE. Vor sich hatte Wibbel natürlich eine Giraffe, aber da er die Schilder nicht verstand, dachte er, das Wesen sei ein Erdling. Käptn Pickel zeichnete einen Erdling mit einem langen Hals und zwei Hörnern.

„Hört sich interessant an", sagte der Käptn.

„Berichte mir mehr. Ende."

Wibbel ging weiter zum nächsten Zaun, an dem ELEFANT stand.
Er schaltete das Funkgerät ein.
„Hier ist ein riesiger Erdling! Er hat unglaublich große Ohren, und
aus seinem Gesicht wächst ein langes Nasending. Ende."
Eilig fügte Käptn Pickel seiner Zeichnung große Ohren und einen
Rüssel hinzu.

Als Nächstes gelangte Wibbel zum Aquarium, einem Gebäude voller Wassertanks. Auf einem stand TINTENFISCH. „Dieser Erdling hat zwei Riesenaugen und ist orangerot gepunktet. Ende", meldete Wibbel. Käptn Pickel fügte seiner Zeichnung zwei Riesenaugen und orangerote Punkte hinzu.

„Das reicht", entschied Käptn Pickel. „Ich habe genug gehört. Erdlinge sind groß, haarig, haben ganz große Ohren und einen Rüssel, zwei Riesenaugen und orangerote Punkte. Also sehen sie ja ein wenig aus wie wir. Ende und aus."

Dann kam auch Käptn Pickel zur Erde. Gerade als er landete, kam Herr Schwarz, der Zoowärter, vorbei. Er erschrak heftig beim Anblick der Xogs, aber nicht halb so sehr wie die Xogs bei seinem Anblick.

„Hiiilfe!", schrien die Xogs, flüchteten in ihr Raumschiff und düsten davon. Käptn Pickel aber nahm daheim seine Weltraumkarte, strich die Erde dick durch und schrieb darunter: „Vorsicht, Monster!"

Ein Heim für Mauritz

Mauritz, der kleine schwarzweiße Kater, war gar nicht zufrieden. Sein Frauchen Teresa hatte es versäumt, ihm seinen Lieblingsfisch zum Frühstück zu servieren. Nur ein paar Essensreste vom vorigen Tag hatte er in seinem Napf gefunden.

„Raus mit dir!", sagte Teresa, die gerade den Küchenboden aufwischte. Sie schob Mauritz zur Tür hinaus.

Nun war Mauritz erst recht verärgert. Er schlug mit dem Schwanz und schüttelte den Kopf. „Ich weiß, wann ich nicht erwünscht bin", schimpfte er. „Ich suche mir jemanden, der besser für mich sorgt!"

Damit sprang er auf den Gartenzaun und hinüber in den Nachbarsgarten, denn Frau Grünewald hatte immer ein Leckerchen für ihn.

Doch kaum berührten seine Pfoten das Gras, als er ein lautes Bellen hörte. Mauritz hatte gar nicht mehr an Strolch gedacht, den verspielten, kleinen Hund, der neuerdings bei Frau Grünewald wohnte.

Strolch flitzte quer über den Rasen und umkreiste Mauritz übermütig.

„Nein, hier ist es mir zu ungemütlich", dachte Mauritz und kletterte
eilig auf den nächsten Baum.
Er sprang hinüber in den nächsten Garten, den von Herrn Blume.
Herr Blume hatte keinen aufgekratzten Hund. Mauritz stolzierte
über den Rasen und sprang auf ein Fenstersims. Gerade als er
sich durch das geöffnete Fenster einschleichen wollte, hörte er
ein gekrächztes „Wer ist mein Bester?".
Du meine Güte, Mauritz hatte den Papagei von Herrn Blume ja
ganz vergessen.

„Nein, hier ist es mir viel zu laut", entschied Mauritz. Schnell flüchtete er durch eine Hecke.

Der nächste Garten gehörte Oma Schmitz. Sie lebte allein und hatte keine Haustiere, das war sicher.

„MIAU", machte Mauritz auf sich aufmerksam. Oma Schmitz hatte sicher etwas Leckeres zu fressen da.

„Katzi!" ertönte eine schrille Stimme von drinnen. Mauritz blieb wie angewurzelt stehen, als er kleine Füße über den Teppich im Flur tapsen hörte. Ach je! Der Enkel von Oma Schmitz war zu Besuch. Der zog Mauritz immer am Schwanz. Mauritz beschloss zu verschwinden, bevor der Kleine ihn zu fassen bekam.

Mauritz quetschte sich durch eine Lücke im Zaun. Der angrenzende Garten sah ziemlich verwildert aus. Hier waren gerade neue Besitzer eingezogen, und Mauritz hoffte, dass sie kleine Katzen mochten.

Mauritz spazierte auf das Haus zu. Er war noch nicht weit gekommen, als er ein Fauchen hinter sich hörte. Er drehte sich um und sah gerade noch rechtzeitig, wie eine Siamkatze zum Sprung ansetzte. Mauritz war zu schlau, um sich mit so einer Furie anzulegen. Ohne zu zögern sauste er durch das hohe Gras davon, sprang auf den Gartenzaun und rannte, so schnell er konnte. „Da gehe ich lieber nicht mehr hin", dachte Mauritz, als er außer Atem Halt machte. Er hockte auf dem Zaun und überlegte, was er als Nächstes tun sollte. Während er so dasaß, drang ihm ein köstlicher Fischgeruch in die Nase. Mauritz schnupperte und folgte der Fährte. Der Gedanke an ein leckeres Fischfrühstück ließ ihn aufgeregt mit dem Schwanz zucken.

Mauritz schlich an Gärten vorbei, in denen Kinder kreischten, Vögel krächzten, Hunde bellten und fremde Katzen fauchten. Schließlich wurde der Duft unwiderstehlich. Er hatte einen Garten erreicht, in dem es wunderbar ruhig war.

„Mauritz, da bist du ja wieder!", rief eine Stimme. Es war Teresa.

„Ich bin fertig mit Putzen, und hier kommt dein Lieblingsfutter, Mauritz."

Mauritz schnurrte zufrieden. „Die liebe Teresa", dachte er. „Sie sorgt doch am besten für mich!"

Oma Elefant hat Geburtstag

H eute", sagten Boris' Eltern, „ist ein besonderer Tag. Weißt du auch, warum, Boris?" Elefanten vergessen angeblich nie etwas, aber Boris konnte sich meistens an nichts erinnern. Er runzelte die Stirn und dachte angestrengt nach.

„Fängt heute die Schule an?", fragte er.

„Nein." Sein Papa schüttelte den Kopf.

„Habe ich vielleicht Geburtstag?"

„Nein, Oma hat heute Geburtstag", sagte seine Mama. „Bitte bring ihr diesen Obstkorb. Weißt du noch, wo sie wohnt?"

Boris nickte, und seine Mama gab ihm den Obstkorb und winkte ihm nach.

Boris lief durch den Wald. Dort war es sehr still und schattig.

„Buh!", rief plötzlich eine Stimme. Boris sah sich um und entdeckte ein seltsames Tier. Es sah aus wie eine Maus mit Flügeln.

„Kennen wir uns?", fragte Boris.

„Ich bin der Flughund, du Dummchen", sagte der Flughund.

„Was machen Flughunde?"

„Fliegen natürlich", sagte der Flughund. „Wo willst du denn hin?"

„Oma Elefant hat Geburtstag, aber ich weiß nicht mehr, wo sie wohnt", gab Boris zu.

„Wenn ich es dir sage, gibst du mir dann ein bisschen Obst?", fragte der Flughund.

Boris nickte.

„Da geht's lang." Der Flughund nahm sich einen Apfel aus dem Korb.

Der Pfad war sehr schmal. Mitten auf dem Weg hockte ein riesiger Gorilla.

„Wo willst du denn hin?", fragte er.

„Ich bringe diesen Obstkorb zu meiner Oma", sagte Boris tapfer. „Sie hat heute Geburtstag."

„Weißt du etwa nicht mehr, wer ich bin?", stellte der Gorilla Boris auf die Probe.

„Äh … du bist das Krokodil", riet Boris.

„Nein", sagte der Gorilla, „versuch's noch mal."

„Du bist das Nashorn!"

„Wenn du nicht mehr weißt, wer ich bin", sagte der Gorilla, „musst du dich auslösen."

„Was bedeutet auslösen?", fragte Boris.

„Dass du mir etwas geben musst, weil du nicht die richtige Antwort weißt." Die wusste Boris nicht, und deshalb nahm der Gorilla zwei Bananen aus dem Obstkorb und ließ ihn vorbei.

An der nächsten Kreuzung konnte Boris sich für keinen der Wege entscheiden.

„Geh links", sagte eine Stimme hoch über ihm. Als er nach oben schaute, sah Boris die Giraffe, deren Kopf aus der Baumkrone lugte.

„Woher weißt du das so genau?"

„Gehst du zu Oma Elefant?", fragte die Giraffe.

„Ja."

„Von hier oben kann ich ihr Haus sehen."

„Danke schön!", sagte Boris, „möchtest du etwas Obst?"

„Sehr freundlich", sagte die Giraffe, senkte den Kopf weit hinunter und nahm eine Birne aus dem Korb.

Als Boris endlich bei seiner Oma ankam, lag nur noch eine saftige Pflaume im Korb. Ob sie wohl wütend darüber sein würde? Boris hätte sich keine Sorgen machen müssen. Seine Oma umarmte ihn und schob ihn in die Küche.

Am großen Tisch saßen der Flughund, der Gorilla und die Giraffe, alle mit Partyhüten auf dem Kopf. Mitten auf dem Tisch standen ein gigantischer Geburtstagskuchen, roter Wackelpudding und all die Früchte, welche die Tiere zuvor aus Boris' Korb genommen hatten.

„Wie überaus nett von dir, Boris, so eine Überraschungsparty für mich zu veranstalten", sagte seine Oma und nahm ihn wieder in den Arm. Alle amüsierten sich prächtig. Erst spielten sie „Flaschendrehen", dann „Blinde Kuh" und am Ende sangen sie alle zusammen: „Happy Birthday, Oma Elefant".

„Das war mein allerschönster Geburtstag", sagte Boris' Oma gerührt.

Boris dagegen wusste nicht mehr, wie er nach Hause kommen sollte. Nach der Party begleiteten ihn seine neuen Freunde nach Hause. Seine Mama freute sich.

„Willst du mir deine neuen Freunde nicht vorstellen?", fragte sie.

„Das sind der Flughund, die Giraffe und das Krokodil …", sagte Boris.

Alle lachten. Aber Boris, was für ein vergesslicher Elefant bist du doch!

Der verzauberte Garten

Prinzessin Isabella wuchs in einem wunderschönen Schloss auf, das jedoch keinen Garten hatte. Daher wanderte sie oft über Wiesen, um dort die Blumen betrachten zu können, denn die Prinzessin liebte Blumen über alles.

Eines Tages stieß Prinzessin Isabella auf einen überwucherten Pfad. Sie fragte eine Frau, die des Weges kam, wohin der Pfad wohl führe. „Dieser Pfad führt zum Garten der Zauberin!", antwortete die Frau.

„Was ist eine Zauberin?", fragte Prinzessin Isabella.
„Jemand mit ganz besonderen Kräften. Sei also gewarnt. Pflücke
auf keinen Fall die Blumen, sonst könnte wer weiß was Schreckliches passieren!"
Prinzessin Isabella folgte dem Pfad, bis sie zu einem kleinen
Häuschen gelangte, mit dem schönsten Garten davor, den sie
je gesehen hatte. Die Blumen darin blühten in allen Farben und
dufteten hinreißend. Und so ging Prinzessin Isabella von nun an
täglich dorthin. Der Winter kam, und es lag hoher Schnee, nur
der wunderbare Garten blieb ganz so, wie er war.

Prinzessin Isabella hatte die Zauberin völlig vergessen. Eines Wintertages pflückte sie eine Rose aus dem Garten und nahm sie mit ins Schloss. Doch als sie die Rose ins Wasser stellte, fiel ihr plötzlich wieder die Warnung ein. Sie hatte eine Blume aus dem verzauberten Garten gepflückt, und wer weiß, was nun Schreckliches geschehen konnte?

Doch die Tage vergingen, und nichts geschah. Die Rose blieb frisch wie am ersten Tag. Auch nach einigen Monaten war immer noch nichts passiert. Da überwand Prinzessin Isabella ihre Furcht und beschloss, noch einmal zu dem verzauberten Garten zu gehen. Doch als sie den Garten sah, war ihr zum Weinen, denn das Gras war braun. Die Blumen waren verwelkt und abgestorben. Da hörte Prinzessin Isabella jemanden schluchzen. Drinnen in dem Häuschen saß die Zauberin am Feuer und weinte bitterlich.

Sie war alt und krumm. Und obwohl Prinzessin Isabella Angst
hatte, tat die Zauberin ihr zugleich auch leid.

„Was ist mit dem schönen Garten geschehen?", fragte Prinzessin
Isabella.

„Jemand hat eine Rose aus meinem Zaubergarten gepflückt",
sagte die Zauberin. „Diese Rose wird ewig leben, aber alles andere
musste sterben."

„Kannst du denn nicht mit deiner Zauberkraft den Garten wieder
zum Leben erwecken?", fragte Prinzessin Isabella.

„Oh nein. Als die Rose gepflückt wurde, ging auch meine
Zauberkraft verloren. Und nun werde auch ich dahinwelken und
sterben."

„Wie kann ich dir nur helfen?", fragte Prinzessin Isabella bestürzt.
„Nur eine Prinzessin kann mir meine Zauberkräfte zurückgeben",
antwortete die Zauberin.
„Aber wie denn?", fragte Prinzessin Isabella.
„Sie muss mir sechs Säcke voll Brennnesseln bringen. Und keine
Prinzessin würde so etwas tun!"
Prinzessin Isabella erwiderte nichts und lief zur Wiese. Dort
pflückte sie sechs Säcke voll Brennnesseln, ohne darauf zu achten,
wie sehr ihre Hände und Arme davon schmerzten, und brachte
sie der Zauberin.

Der verzauberte Garten

„Wie lieb von dir", sagte die Zauberin. „Aber die Nesseln müssen von einer Prinzessin gepflückt sein."

„Ich bin eine Prinzessin!", erklärte Prinzessin Isabella.

Da bereitete die Zauberin aus den Brennnesseln einen Zaubertrank und nahm ihn zu sich. Gleich war der Garten wieder verzaubert und anstelle der alten gebeugten Zauberin stand eine wunderschöne junge Frau vor ihr.

„Mein schöner Garten ist gerettet", sagte die Zauberin lächelnd, „und ich ebenso!"

Und so wurden die beiden die besten Freundinnen und erfreuten sich gemeinsam an dem verzauberten Garten.

Die Nixenkirmes

Jakob war ein hervorragender Schwimmer, und er tauchte für sein Leben gern. Obwohl er auch Muscheln und Schwämme suchte, tauchte er am liebsten nach Perlen. Perlen sind die Edelsteine der Meere, und er sammelte sie alle. Eines Tages entdeckte Jakob beim Tauchen eine Inschrift auf einem Felsen. Staunend schwamm er näher heran und las: HEUTE NIXENKIRMES!

HEUTE NIXENKIRMES!

Natürlich hatte Jakob schon von Nixen gehört, aber er hatte noch
nie eine gesehen! Er holte noch einmal tief Luft, tauchte in Richtung Kirmes und versteckte sich hinter einem Felsen. Von dort
aus beobachtete er das Geschehen und staunte nicht schlecht:
Viele, viele Nixen amüsierten sich auf der Kirmes. Einige ritten auf
Delfinen, andere schwammen um die Wette oder scharten sich
um die Stände. Und an einem dieser Stände konnte man eine
Perle gewinnen, wenn man es schaffte, einen Reifen über den
Sockel zu werfen, auf dem sie lag. Wenn man an einem anderen
Stand einen Hebel umlegte und drei Muscheln untereinander
erschienen, kamen hundert weiße Perlen aus einem Loch im
Boden! Zwei Nixen entdeckten Jakob und schwammen zu ihm.

„Du bist aber ein komischer Fisch!", neckte ihn die blonde Nixe.
„Ich glaube, das ist kein Fisch, sondern ein Junge!", lachte die
dunkelhaarige Nixe.
„Hallo", sagte Jakob. Offenbar konnte er unter Wasser sprechen
und atmen! „Darf ich auch auf die Kirmes? Ich würde zu gern ein
paar Perlen gewinnen!"
„Ach, was willst du denn mit den ollen Perlen?", fragte die eine.
„Das hier ist doch viel besser!"

Sie öffnete die Faust und zeigte Jakob einen Kamm. Einen rosa Plastikkamm mit einer Blume. Die Nixe hatte ihn in einem Felsenteich gefunden. Ihrer Meinung nach gab es nichts Schöneres und Wertvolleres. Jakob versprach ihr einen Haufen solcher Kämme in allen möglichen Farben zu besorgen, wenn sie ihm nur verriet, wie er eine Perle gewinnen konnte.

„Ist doch kinderleicht", sagte sie. „Du musst nur das Delfinrennen gewinnen!" Also nahm Jakob am Delfinrennen teil. Es war aber nicht so einfach, wie er gedacht hatte. Er musste feststellen, dass Delfine rutschig und schwer zu reiten waren und dass man unter Wasser unmöglich durch einen Reifen springen konnte. Außer, man war eine Nixe!

Jakob konnte nicht mehr lange bleiben, dabei hatte er noch keinen einzigen Preis gewonnen. Am allerletzten Stand entdeckte er die größte Perle, die er je gesehen hatte. Sie war riesig – fast so groß wie eine Kokosnuss! Die Nixen zeigten Jakob, was er tun sollte. Er musste die Perle mit einem Schwamm treffen. Jakob konnte sein Glück nicht fassen. Wenn er etwas konnte, dann mit Schwämmen werfen!

Die Nixen scharten sich um ihn, während er zweimal daneben traf. Sie lachten, aber beim dritten Mal holte er die Perle vom Sockel.

„Du hast gewonnen!", riefen die Nixen aufgeregt. „Die Perle gehört dir!"

Jakob schwamm fröhlich zu seinem Boot zurück. Am nächsten Tag kam er mit einer bis zum Rand gefüllten Schachtel wieder. Als die Nixen die hübschen Plastikkämme sahen, tanzten sie auf den Wellen und küssten ihn auf beide Wangen. Danach traf Jakob die Nixen immer beim Tauchen, und stets hatte er einen besonders schönen Kamm für sie dabei.

Wilder Tiger

Tiger war kein wirklicher Tiger. Er war ein kleiner, wilder Straßenkater. Alle nannten ihn Tiger, weil er immer fauchte und einen Buckel machte, wenn man ihm zu nahe kam.

„Du solltest freundlicher zu den Menschen sein", riet ihm sein Freund Rocky. „Sie sind gar nicht so übel, wenn man sie erst mal richtig erzogen hat."

Doch Tiger traute den Menschen nicht. Kam ihm jemand zu nahe, dann zeigte er seine Krallen, und manchmal kratzte er sogar. Schon bald ließen ihn alle in Ruhe. Tiger sorgte selbst für sich. Er brauchte niemanden. Nachts trieb er sich in den Straßen herum, durchsuchte Mülltonnen nach Essensresten und stahl anderen Haustieren das Futter, das die Menschen für sie herausstellten. Tagsüber schlief er, wo er gerade ein Plätzchen fand – manchmal unter einem Busch, manchmal auf einem Garagendach und manchmal unter den Autos auf einem alten Schrottplatz. Eines Nachts im Winter streifte Tiger umher, als es zu schneien anfing. Da entdeckte er ein offenes Fenster.

„Aha!", dachte Tiger. „Dort drinnen ist es bestimmt schön warm und trocken." Er sprang durch das Fenster und landete in einem dunklen Flur. „Nicht übel", dachte Tiger.

Er rollte sich zusammen und schlummerte schon bald friedlich.
Ihm war so behaglich, dass er die ganze Nacht durchschlief.
Als er endlich aufwachte, war niemand zu sehen. Neben ihm
standen jedoch ein kleiner gefüllter Fressnapf und ein Schälchen
mit Wasser.
„Ich bin so frei", schnurrte Tiger. Er schlang das ganze Futter
hinunter und trank etwas von dem Wasser, bevor er wieder durch
das Fenster verschwand.

An diesem Tag war es kälter, als es Tiger je erlebt hatte. Als die Nacht kam und Tiger sah, dass das Fenster wieder offen stand, überlegte er nicht lange und sprang ins Haus. Drinnen sah er, dass die Tür zum Flur angelehnt war. Er stieß sie auf und gelangte in eine warme Küche. Dort machte er es sich bequem und schlief die ganze Nacht wunderbar.

Als er morgens aufwachte, standen ein Teller mit köstlichem Fisch und ein Wasserschälchen neben ihm.

„Ich bin so frei", schnurrte Tiger. Er verschlang den Fisch und trank das Wasser aus, bevor er wieder ging. Am Abend schneite es noch immer. Tiger zögerte nicht lange und besuchte das Haus ein drittes Mal. Jetzt fand er neben dem Kamin, wo er sich zusammenrollen wollte, ein gemütliches Körbchen vor.

„Ich bin so frei", schnurrte Tiger. Er stieg in das Körbchen, rollte sich zusammen und schlief ein. Noch nie in seinem Leben hatte Tiger so gut geschlafen.

Am nächsten Morgen wurde er von einem Klappern geweckt. Jemand bewegte sich in der Küche. Tiger öffnete das linke Auge einen winzigen Spalt weit: Da stellte ein kleiner Junge gerade eine Schüssel neben sein Körbchen. Tiger öffnete die Augen ganz und sah den kleinen Jungen an. Der kleine Junge sah Tiger an. Tiger sprang sogleich auf und machte Anstalten zu fauchen und zu kratzen.

„Braves Katerchen", sagte der kleine Junge leise.

Tiger blickte zur Seite, auf die Schüssel. Sie war randvoll mit Milch. „Ich bin so frei", schnurrte Tiger da und trank eine ganze Menge.

An den folgenden Tagen kehrte Tiger jeden Abend in das Haus zurück.

Es dauerte nicht lange, und er schlief nirgendwo anders mehr. Der kleine Junge gab ihm immer reichlich zu fressen und zu trinken. Zum Dank erlaubte Tiger dem Jungen, ihn zu streicheln und ihn auf den Arm zu nehmen.

Eines Morgens, als Tiger mit dem kleinen Jungen im Garten spielte, kam sein alter Freund Rocky vorbei.

„Hallo, Tiger", miaute Rocky. „Ich dachte, du magst keine Menschen!"

„Ooch", wehrte unser ehemals so wilder Tiger lächelnd ab, „so übel sind sie gar nicht, wenn man sie erst mal richtig erzogen hat."

Der kleine Welpe Timo

Timo war der kleinste Welpe in seiner Wurfkiste. Seine Geschwister waren alle größer als er. Damit zogen sie ihn immerzu auf.

„Aus dem Weg, Zwerg!", johlten sie und stießen ihn vom Futternapf weg.

„Wer Letzter wird, ist ein Baby!", bellten sie und rannten zum Spielen hinaus. Und natürlich war Timo immer der Langsamste.

„Du bist der Kleinste, weil du der Jüngste bist", erklärte ihm seine
Mama. „Und genau deshalb bist du etwas Besonderes."
Aber Timo fühlte sich nicht wie etwas Besonderes. Eigentlich war
er nur traurig.
Eines Tages kam eine Familie, um sich die Welpen anzusehen.
„Benehmt euch", ermahnte ihre Mutter sie. „Einen von euch neh-
men sie mit."
Natürlich wollten alle mitgenommen werden, aber nur einer wurde
ausgewählt – nicht Timo.
Danach kamen noch viele Leute zu ihnen ins Haus. Und jedes Mal
nahmen sie einen Welpen mit und gaben ihm ein neues Zuhause,
aber Timo blieb. Schließlich blieb er als letzter Welpe zurück.

„Keiner will mich", schluchzte Timo. „Die anderen Hunde sind alle besser als ich."

„Sei nicht dumm", sagte seine Mutter. „Du bist einfach etwas Besonderes. Du wirst schon sehen."

Am nächsten Tag kam ein kleines Mädchen. „Super! Sie haben ihn nicht weggegeben", rief sie lachend und ging auf Timo zu.

Timo wollte wissen, von wem sie sprach, und schaute sich um, aber außer ihm war ja niemand da.

Plötzlich wurde Timo hochgehoben und herumgewirbelt. „Du bist der süßeste Welpe auf der ganzen Welt!", freute sich das Mädchen.

Timo war ein bisschen schwindlig, aber er lachte trotzdem zurück. Offenbar gab es doch jemanden, der ihn haben wollte.

„Wohin wir wohl gehen?", fragte sich Timo, als er seiner Mama zum Abschied winkte. Schon bald wusste er es:
Sein neues Zuhause war direkt nebenan!

Timo lebte sich schnell ein. Sein neues Frauchen Lena hatte ihn
sehr gern, und Timo hatte Lena gern. Sie gab ihm sein Lieblingsfutter und spielte mit ihm. Und das Beste war, dass seine Mama
gleich hinter dem eisernen Gartentor wohnte.
Als Timo etwas älter wurde, nahmen Lena und ihr Papa ihn mit in
den Wald. Timo war noch nie spazieren gegangen und war deshalb
froh, dass seine Mama mitkam. Im Wald gab es noch andere
Hunde, und Timo war etwas schüchtern. Er versteckte sich hinter
seiner Mama. Niemand sollte sehen, wie klein er war.

Plötzlich prallte etwas kleines Weiches gegen ihn. „Hallo, Zwerg!",
bellte eine vertraute Stimme. Es war sein ältester Bruder, aber er
schien geschrumpft zu sein! Er reichte Timo nur bis an die Schulter.
„Er ist nicht geschrumpft", sagte Timos Mama lachend, als Timo
ihr ins Ohr flüsterte. „Du bist gewachsen, Dummerchen. Das liegt
an all dem guten Futter, das du von Lena bekommst."

Timo und sein Bruder hatten viel Spaß miteinander. Noch besser wurde es, als zwei ihrer Schwestern dazukamen. Ihre Mama beobachtete voller Stolz, wie sie um die Bäume jagten. Und sie musste lächeln, als Timo sich umdrehte und bellte: „Wer Letzter wird, ist ein Baby!"

Dornröschen

In einem fernen, fernen Land lebten einst ein König und eine Königin froh und glücklich miteinander. Und als die Königin eine Tochter gebar, jubelte das ganze Volk.

Um die Geburt zu feiern, veranstalteten der König und die Königin ein großes Fest. Sie luden die sieben guten Feen des Königreichs ein, damit sie der Tochter ihre Zaubergaben überbringen. Doch es erschienen acht Feen.

Die achte Fee war alt und hässlich. Der König und die Königin hatten geglaubt, sie sei gestorben. Daher hatten sie ihr keine Einladung geschickt.

Nacheinander traten die Feen mit ihren Zaubergaben an die Wiege. Die erste schenkte der Prinzessin Schönheit, die zweite Weisheit, die dritte Tugend, die vierte wünschte ihr, dass sie tanzen könne wie Blätter im Wind. Die fünfte und sechste Fee schenkten ihr die Gabe der Musik und des Gesangs.

Als die siebte Fee hervortreten wollte, drängte die achte sie zur Seite. „Die Prinzessin", krächzte sie, „wird sich an einer Spindel stechen und tot umfallen!"

Alle im Raum erschraken, und die Königin begann zu weinen. Da trat die siebte Fee hervor – die ihren Wunsch noch nicht ausgesprochen hatte: „Die Prinzessin wird nicht sterben", begann sie, „aber an ihrem 16. Geburtstag wird sie sich in den Finger stechen und in einen hundertjährigen Schlaf fallen. Ein Prinz wird kommen und sie erwecken."

Der König und die Königin waren erleichtert, befahlen jedoch, alle Spinnräder und Spindeln im ganzen Land zu verbrennen. Sie konnten den Gedanken nicht ertragen, dass ihrer Tochter ein Leid geschehen sollte. Die Jahre vergingen, und das Mädchen wuchs zu einer wunderschönen Prinzessin heran, so weise, begabt und tugendhaft, wie die Feen es vorausgesagt hatten.

An ihrem 16. Geburtstag streifte sie durch das Schloss und gelangte schließlich zu einer Kammer in einem Turm. Dort saß eine alte Frau an einem Spinnrad.

„Komm doch näher", krächzte die Alte. „Versuch es ruhig selbst einmal!"

Kaum aber hatte die Prinzessin die Spindel berührt, da stach sie sich in den Finger, sank zu Boden und fiel in einen tiefen Schlaf.

Als der König und die Königin ihre Tochter so fanden, wussten sie sofort: Von nun an sollte die Prinzessin hundert Jahre lang schlafen.

Sie ließen die Prinzessin auf eine goldene Bahre legen und in das königliche Schlafgemach bringen. Der König und die Königin weinten leise an ihrer Seite. Die siebte Fee, die das Leben der Prinzessin gerettet hatte, hörte von dem Unglück. Und damit die Prinzessin nicht eines Tages in einer ihr völlig unbekannten Welt aufwachte, verzauberte sie das gesamte Schloss: Alle, die Wachen, die Küchenmägde, die Gärtner und die Köche, ja selbst die Tiere der Prinzessin fielen ebenfalls in einen tiefen, tiefen Schlaf. Dann ließ die Fee hohe Bäume und Rosenhecken um das Schloss herum wachsen, damit es durch eine undurchdringliche Wand geschützt würde. Nur die obersten Turmspitzen waren noch zu sehen. Und so vergingen hundert Jahre.

Eines Tages kam ein Prinz aus einem anderen Land herangeritten.
Er sah die Turmspitzen aus der dichten Rosenhecke heraus-
ragen und fragte einige Bauern, die des Weges kamen, was dort
geschehen sei. Sie erzählten ihm von Dornröschen. „Schon so
viele vor dir haben versucht, die Dornen zu durchdringen",
sagten sie, „aber alle kamen dabei ums Leben."
Doch der Prinz war unerschrocken und begab sich auf den Weg,
der zu dem geheimnisvollen Schloss führte. Zu seiner größten
Verwunderung verletzten die Dornen der Rosen ihn nicht. Die
spitzen Zweige öffneten sich und ließen ihn unversehrt zum
Schloss reiten.
Der Prinz betrat das Schloss und durchschritt alle Hallen und
Gemächer, in denen überall Menschen und Tiere schliefen – bis er
endlich vor Dornröschen stand.

„Oh, meine Prinzessin!", rief er. „Du bist schöner als die schönste aller Rosen!" Leise trat er an die schlafende Prinzessin heran und nahm ihre Hand. Von Liebe erfüllt kniete er vor ihr nieder und gab ihr einen sanften Kuss. Da schlug die Prinzessin ihre Augen auf.

„Bist du es, mein Prinz?", fragte sie. „Schon so lange habe ich auf dich gewartet!"

Und in diesem Moment war der Zauberbann gebrochen, und jeder im Schloss, ob Mensch, ob Tier, erwachte aus dem hundert-jährigen Schlaf. Noch am selben Abend feierten sie den 16. Ge-burtstag der Prinzessin mit einem ausgelassenen Fest.

Der Prinz und die Prinzessin heirateten bald und lebten fortan glücklich bis an ihr Lebensende.

Nächtliches Gebell

Es war Mitternacht in der Schmuddelgasse. Jeder und alles schlief tief und fest – oder etwa nicht?

Sechs freche Gassenkätzchen spähten über den Zaun. Sie beobachteten die schlafenden Hunde, grinsten und kicherten – und wetzten ihre Krallen am Zaun.

„Ich hab eine Idee!", flüsterte Archie. „Hört zu ..."

Die kleine Katzenriege saß auf der Zaunspitze wie Perlen auf einer Schnur – und alle schnurrten und schwätzten.

„Diese behämmerten Hunde haben einen kleinen Schreck verdient!", kicherte Archie.

„Wetten – ich bin der Lauteste!", prahlte Lenny. Die Katzen holten tief Luft ... und ließen den grässlichsten kreischenden Ton aller Zeiten hören.

Das fürchterliche Geräusch schreckte Harry aus dem Schlaf, und er fiel von seiner Matratze, direkt auf Mac.

„Was ist das für ein Krach", jaulte Mac auf. „Etwa das Dudelsackpfeifengespenst?"

„G-Gespenst?", rief eine erschreckte Pudy. „Hilfe!"

Der Lärm ließ nun auch Patty und Foster aufspringen. „Zu Hilfe!"

Da entdeckte Harry die Missetäter. „Ach, die verdammten Mäusefänger!", stöhnte Harry. „Und nichts außer Unsinn im Kopf, wie üblich! – Ignoriert sie einfach und legt euch wieder hin."

Aber die frechen Katzen hatten noch nicht genug.

„Lauter! Lauter!", kreischte Archie den anderen zu. Ob sie wohl Bonnie aufwecken konnten? Oh nein! Sie schnarchte einfach weiter … und schnarchte.

„Jemand sollte diesen Katzen eine Lektion erteilen", grummelte Mac. „Als ich ein kleiner Hund war, …"

„Oh, nicht schon wieder, Mac", riefen die anderen.

Harry lächelte. Er hatte eine Idee – und die Hundemeute hockte sich zusammen und hechelte seinen Plan durch.

Die Katzen triumphierten. Sie lachten und miauten immer lauter. Doch plötzlich rutschte Lenny aus, griff nach seiner Schwester Lulu, die nach Mutter Hattie griff, die nach Onkel Bert griff, der nach Tante Lucy griff, die nach Vetter Archie griff … und allesamt purzelten sie kopfüber vom Zaun, mitten in einen Stapel Kisten und Kästen!

„Bravo!", bellten die Hunde.

„Zu-ga-be! Zu-ga-be!"

Die Katzen quietschten und kreischten und liefen auf und davon. Sie hatten genug für den Rest des Tages!

„Na wartet ...", gluckste Harry. Und so leise wie Mäuse schlich nun die versammelte Hundemeute durch die Schmuddelgasse.

„Achtung!", flüsterte Harry, „Fertig? – Los!"

„WUFF, WUWUFF!"

Die Erde bebte, und die Katzen flogen vor Schreck durch die Luft.

„Ho-ho-ho!" prusteten die Hunde. „Jammerkatzen! Jammerkatzen! Das geschieht euch recht!"

„Ich denke, das reicht", sagte Harry.

„Du hast recht", stimmte Archie zu. „Lasst uns wieder schlafen gehen. Genug Schreck und Tricks für eine Nacht."

Da erwachte Bonnie. „Zeit zum Aufstehen?", fragte sie und rieb sich die Augen. „Nein!", sagte Patty, „Zeit, ins Bett zu gehen!". Und alle um sie herum lachten. „Au fein!", gähnte Bonnie. „Schlafenszeit! Der schönste Augenblick des Tages!"

„Oh Bonnie", lächelte Harry, „was bist du für eine Schlafmütze! Wie konntest du nur bei dem Krach schlafen?" Aber Bonnie gähnte nur und streckte sich genüsslich. Dann trottete sie verschlafen zurück zu ihrer Tonne – sie war ja soooo müde!

Bald schon kuschelten sich in der Schmuddelgasse alle Katzen und Hunde wieder in den Schlaf. Sie träumten von einer Müllmännerjagd – von versteckten Knochen und leckeren Fischgräten. Kein Laut war zu hören ... nur ein leises Rumpeln in Fosters Bauch und Bonnies Schnarchen.
Jeder und alles schlief tief und fest ... oder etwa nicht?

„Tuwit, Tuituituuwiiit!"

Das lächelnde Krokodil

Krodi war das netteste Krokodil weit und breit. Die anderen miesepetrigen Krokodile murrten, knurrten und schnalzten, aber Krodi grinste alle an. Er hatte ein sehr breites Lächeln.

„Du lächelst zu viel", warfen ihm die anderen vor.

„Sei wild … wie ein richtiges Krokodil!"

„Ich versuche es", versprach Krodi und machte ein verdrießliches Gesicht. Er schaffte es zwei Sekunden lang, dann brach wieder das Lächeln hervor.

„Wie war ich?", fragte er.

„Hoffnungslos!", sagten die anderen. Selbst wenn er es versuchte, konnte Krodi nicht böse aussehen.

Eines Tages kamen viele Nilpferde zum Fluss. Sie waren sehr groß und machten sich in dem Teil des Flusses breit, wo sich auch die Krokodile am wohlsten fühlten. Sie spritzten und tobten, tauchten auf und unter, machten große Wellen und viel Lärm. Sie hatten viel Spaß.

Krodi beobachtete sie gern dabei. Er fand es toll, wenn sie auf den Grund sanken und wieder hoch kamen, dann kräuselte sich das Flusswasser so schön. Begeistert schaute er zu, als sie ausprobierten, wer am heftigsten plantschen konnte. Er bewunderte die Fontänen, die sie in die Luft schnaubten. Den missgelaunten Krokodilen gefiel das gar nicht.

„Wir müssen sie loswerden", sagten sie.

Krodi lernte ein Nilpferdbaby kennen, das im Wasser spielte. Es hieß Würstchen.

„Wetten, das kannst du nicht?", sagte Würstchen zu Krodi und blies eine Million Luftblasen ins Wasser.

„Wetten doch?", gab Krodi zurück. Und er legte los … durch die Nase!

„Und wie ist es hiermit?", fragte Würstchen, drehte sich auf den Rücken und ging unter. Krodi machte es ihm nach und schwamm dann schnell ans andere Ufer. Das spielten sie den ganzen Tag … und noch an vielen anderen Tagen! Noch nie hatte Krodi so viel Spaß gehabt.

Die grantigen Krokodile hatten es satt. Sie versammelten sich, um zu überlegen, wie sie die Nilpferde vertreiben könnten. Erst versuchten sie es mit wilden Blicken, dann zeigten sie die Zähne. Die Nilpferde lächelten nur – und zeigten noch größere Zähne! Dann versuchten es die Krokodile mit Beleidigungen.

„Haut ab!", riefen sie, und als das nicht funktionierte: „Ihr stinken-
den alten Nilpferde!"
Die Nilpferde hielten das für einen Witz und machten sich ihrer-
seits über die Krokodile lustig.
„Als Nächstes werden sie womöglich noch von uns eine Gebühr
fürs Schwimmen verlangen! Hahaha!"
Gelassen ließen sich die Nilpferde auf den Grund sinken, so tief,
dass die Krokodile ihnen nicht folgen konnten.
Jetzt wussten die Krokodile nicht mehr weiter. Da hatte Krodi
eine Idee!

„Wie wär's, wenn ich einfach lächele und sie freundlich bitte weiter-
zuziehen?"
„Puh!", antworteten die Krokodile. „Das wird bestimmt viel
nützen, haha!"
Krodi gab nicht auf: „Bitte! Lasst es mich doch wenigstens ver-
suchen!"

„Na gut, aber so läuft das nie und nimmer. Du wirst schon sehen."
Aber die Nilpferde hatten Krodi gern, denn sein Lächeln war
genauso breit wie ihres. Höflich hörten sie zu, während er erklärte,
dass Krokodile sich nicht so gern amüsierten und lieber grantig
unter sich blieben.

„Wir ziehen ein Stück flussabwärts, wenn du ab und zu vorbei-
kommen und mit Würstchen spielen willst", sagten sie.
Und so geschah es – zum großen Erstaunen der anderen Krokodile!
Krodi gegenüber ließen sie sich nichts anmerken, aber insgeheim
überlegten sie, ob Lächeln nicht manchmal doch besser war als
Schimpfen.

Die Prinzessin der Herzen

Prinzessin Rosamunde erhielt ihren Namen, weil sie von Geburt an einen herzförmigen Mund mit rosaroten Lippen hatte. Sie wuchs zu einem wunderschönen Mädchen heran. Ihr braunes Haar reichte ihr bis zur Hüfte, ihre Augen waren braun und ihre Haut hell und zart.

Rosamunde war ein freundliches, liebenswürdiges Mädchen, doch sie bestand darauf, dass alles, was ihr gehörte, die Form eines Herzens haben musste. Ihr Bett war herzförmig, ihr Tisch und ihr Stuhl waren herzförmig, ihre Kissen waren herzförmig, ja sogar die Kuchen und Plätzchen, die ihre Zofe nachmittags zum Tee brachte, mussten in Herzform geschnitten sein.

Als Prinzessin Rosamunde alt genug war, wollten der König und die Königin einen passenden Gemahl für sie suchen.

„Im benachbarten Königreich lebt Prinz Galan, der eine Gemahlin sucht", sagten sie zu ihr. „Er ist tapfer und klug, und er sieht sehr gut aus. Mehr kann sich eine Prinzessin nicht wünschen."

Aber die törichte Prinzessin verkündete: „Ich heirate diesen Prinzen nur, wenn er die Sterne am Himmel in Herzen verwandeln kann!"

Der König und die Königin schüttelten verständnislos den Kopf.

Als Prinz Galan zu Besuch kam, sah er tatsächlich so gut aus, wie ihre Eltern angekündigt hatten. Prinzessin Rosamunde gefielen seine gütigen Augen und sein liebenswürdiges Lächeln.
Sie verbrachten den Nachmittag im Park des Palastes und unterhielten sich über alles Mögliche. Doch Prinz Galan konnte Prinzessin Rosamunde natürlich nicht versprechen, die Form der Sterne zu verändern. Deshalb wollte die Prinzessin ihn auch nicht heiraten.
Als Prinzessin Rosamunde den Prinzen aber davonreiten sah, wünschte sie sich mit einem Mal, nicht so töricht gewesen zu sein.

Auch Prinz Galan war unglücklich, als er durch den Wald nach Hause ritt. Plötzlich vernahm er einen klagenden Laut. Auf einer Lichtung griff ein Drache einen Pfau an. Der Prinz sprang vom Pferd, zog sein Schwert und jagte den Drachen davon. Der Pfau war gerettet, doch in einer erbärmlicher Verfassung.

Obwohl er viele seiner wunderbaren Schwanzfedern verloren hatte, sagte der Pfau: „Danke, dass du mich gerettet hast".

Der Prinz war überrascht, den Pfau sprechen zu hören.

„Ich habe magische Kräfte", erklärte der Pfau. „Aber jetzt bin ich sehr geschwächt. Der Drache hat mir einige meiner magischen Federn ausgerissen."

Der Prinz sammelte alle Schwanzfedern des Pfaus auf. Sobald sie wieder an ihrem Platz waren, stieß der Pfau einen lauten Ruf aus und schlug ein großes Rad. Die Federn leuchteten prachtvoll.

„Bevor ich gehe, möchte ich dir einen Wunsch erfüllen", sagte der
Pfau zum Prinzen. Prinz Galan wünschte sich, die Sterne am Himmel
mögen die Form von Herzen annehmen.

Später an diesem Abend weilte Prinzessin Rosamunde in ihrem
Schlafgemach. Sie bedauerte es schon sehr, dass sie sich geweigert
hatte, Prinz Galan zu heiraten. Traurig blickte sie aus dem Fenster
auf den Mond, der sein sanftes Licht über die Hügel und Felder
vor dem Palast warf.

Dann blickte sie auf die Sterne – und wollte ihren Augen nicht
trauen. Jeder einzelne Stern hatte die Form eines funkelnden
Herzens!

Und dann sah sie Prinz Galan über den Hügel reiten. Er brachte sein Pferd unter ihrem Fenster zum Stehen. Prinzessin Rosamunde war überglücklich.

„Wirst du mir je verzeihen", rief sie, „dass ich so töricht war, von dir zu verlangen, die Form der Sterne zu verwandeln?"

„Da gibt es nichts zu verzeihen", versicherte der Prinz, und wieder fragte er sie, ob sie ihn heiraten wolle. Da stimmte Prinzessin Rosamunde freudig zu.

An einem schönen Sommertag wurden sie vermählt. Und die Prinzessin versprach, nie wieder etwas Törichtes zu verlangen.

Miesepetra, die nörgelnde Fee

Miesepetra hatte keine Freunde. Daran war sie selbst schuld, denn sie nörgelte ständig herum. Sie knurrte die Fee an, die das Brot backte. Sie schimpfte mit der Fee, die ihre Schuhe flickte. Sogar zu der Fee, die Honig für sie erntete, war sie garstig. Ihre Nichte Wilma konnte das nicht verstehen.

„Warum meckerst du an allem und jedem herum?", fragte sie.
„Weil niemand zu etwas zu gebrauchen ist", antwortete ihre
nörgelige Tante.
Eines Tages sagte Miesepetra zu der Fee, die das Brot backte:
„Dein Brot ist zu weich. Ich mag es lieber knusprig."
„Wie du meinst – dann backst du dir dein Brot demnächst eben
selbst."
„Mach ich auch", behauptete Miesepetra.

Am nächsten Tag war sie, wie schon oft, grob zu der Fee, die ihre Schuhe flickte.

„Das lasse ich mir nicht mehr länger gefallen", sagte die Schusterfee. „Ab heute kannst du deine Schuhe selbst flicken."

„Nichts lieber als das", knurrte Miesepetra.

Dann beleidigte sie die Fee, die bei den Bienen den Honig erntete. „Was fällt dir überhaupt ein?", sagte die Fee. „Von dir muss ich mich nicht beschimpfen lassen. Ernte deinen Honig doch selbst!" Dann stürmte sie davon.

Es dauerte nicht lange, da wollte im ganzen Dorf niemand mehr etwas für Miesepetra tun.

„Du warst so gemein zu allen", sagte Wilma. „Wie willst du denn jetzt klarkommen?"

„Kein Problem", antwortete Miesepetra. „Ich mache eben alles selbst."

Am nächsten Tag wollte sie Brot backen. Sie machte Feuer, um den Ofen vorzuheizen. Dann mischte sie einen Teig und knetete ihn, bis ihr die Arme wehtaten. Anschließend ließ sie ihn ruhen und langsam aufgehen. Schließlich schob sie den Laib in den Ofen und machte eine wohlverdiente Pause.

Natürlich schlief sie ein! Doch der Geruch von Verbranntem weckte sie. Sie rannte zum Ofen und riss die Tür auf. Von ihrem Brot war nur noch glühende Asche übrig.

Außerdem wusste Miesepetra nicht, dass die Bäckerfee ihr Brot nicht auf die übliche Weise backte. Oh nein! Sie benutzte einen besonderen Backzauberspruch, den Miesepetra nicht kannte.

Miesepetra war wild entschlossen weiterzumachen. Sie ging los, um Honig bei den Bienen zu ernten. Zunächst sah sie zu, wie das ganze Bienenvolk summend um den Bienenstock herum schwärmte und surrte. Dann wedelte sie mit den Armen und rief: „Weg da, ihr Bienen!"

Das gefiel den Bienen überhaupt nicht. Sie gingen auf Miesepetra los und stachen sie in die Nase und ins Kinn. Ihr ahnt es schon – die Honigfee benutzte den besonderen Honigernte-Zauberspruch.

Miesepetra lief, so schnell sie konnte. Dabei verlor sie auch noch einen Schuh!

„So kann es nicht weitergehen", sagte Wilma, als sie ihre Tante traf.

Miesepetra dachte lange nach.

„Sag den anderen Feen Bescheid, dass ich ein neues Leben beginnen will", bat sie Wilma, „von nun an werde ich nie mehr nörgelig sein!"

Wilma freute sich sehr! Die anderen Feen freuten sich auch. Weil sie sich bei allen entschuldigen wollte, veranstaltete Miesepetra ein großes Fest und wurde von da an nur noch Petra genannt. Danach beklagte sie sich monatelang kein einziges Mal, und Wilma drückte beide Daumen, dass es auch dabei blieb!

Kummerkätzchen

Es war Zeit zum Aufräumen und Saubermachen in der Schmuddelgasse. Harry und die Hundemeute hatten alle Pfoten voll zu tun, bis ihre Hütten endlich sauber und Berge von Abfall im Container gelandet waren. Dann machten alle ein wohlverdientes Nickerchen – alle, außer Pudy, Harrys Schwester.

„Wo ist mein Teddy? Und mein Schuschu?", fragte sie. Pudys Schuschu, das war eine Decke, die sie schon als Welpe hatte. „Teddy! Schuschu!", rief sie. „Wo seid ihr?" Sie suchte überall. Doch von der Gasse aus konnte Pudy ihre Sachen nicht sehen, die ganz oben auf dem Container gelandet waren.

Pudy tappte immer in irgendein Unheil – und heute schnüffelte
sie durch die ganze Schmuddelgasse, auf der Suche nach ihrem
Teddy und ihrem Schuschu! Als sie sich durch ein Loch im Zaun
zwängte, entdeckte sie eine alte Kiste mit Spielsachen.
„Teddy? Schuschu! Seid ihr da drin?", rief sie. Aber da waren sie
nicht. Stattdessen fand Pudy eine alte Spielzeugmaus. „Hat dich
denn niemand lieb?", fragte sie. „Du bist so weich und kuschelig
– ich hab dich lieb! ... Komm, Mausi", kicherte sie, „du kommst mit
mir." Pudy ging es schon viel besser.
Aber Lulu, dem Katzenkind, nicht. Die Maus war ihr Lieblingsspielzeug, und als sie sah, wie Pudy damit von dannen zog,
begann Lulu laut zu jammern.

„Mammi! Mammi! Komm schnell!", schrie sie. „Pudy hat meine Maus gestohlen!", weinte Lulu.

Pudy hörte Lulus Weinen nicht. Sie tollte und tanzte mit ihrem neuen Freund durch den Garten. „Was jetzt nur noch fehlt, ist mein Schuschu", lachte sie glücklich.

Als sie durch den Nachbargarten strolchte, entdeckte sie einen schmuddeligen Schal, der von einem Ast des Apfelbaums her-abhing. „Schau mal, Mausi!", rief sie. „Ein kuscheliges Schuschu! Naja, kein richtiges Schuschu", dachte sie, „aber es ist sehr, sehr weich."

Sie stellte sich auf die Hinterpfoten und ergriff das eine Schalende mit dem Maul. Ein Zug – und der Schal segelte herunter. Jetzt war sie glücklich!

Lenny sah sie nicht. Der hatte im Blumenbeet geschlafen. Als er
erwachte und Pudy mit seinem Lieblingsschal sich davontrollen
sah, jaulte er: „Mammi! Mammi!! Pudy hat meinen Schal gestohlen!"
Hattie kam herbei und seufzte. Jetzt heulten beide Zwillinge!
Pudy sprang durch die Hecke und lief, so schnell sie nur konnte ...
geradewegs in die Pfoten einer zornigen Katzenversammlung.
„Oh nein, das gibt Ärger", schluckte Pudy.
Lenny und Lulu versteckten sich hinter ihrer Mutter, die sehr
grimmig aussah. Pudy bekam Angst und begann zu weinen.
„H-Harry!", jaulte sie. „Hilf mir!"
Pudys Heulen rief Harry und die gesamte Hundemeute auf den Plan.

„Ich komme", bellte Harry ihr entgegen.

Harry rannte, so schnell er nur konnte ... und sprang mit einem Satz durch die Hecke.

„Okay, Jungs und Mädels!" keuchte er. „Was ist hier los?"

Die zornigen Gassenkatzen schrien alle durcheinander, sodass Harry nicht ein einziges Wort verstand.

„Ru-he!", bellte er. „Nun Hattie, was ist eigentlich los?"

„Diese Niete von deiner Schwester hat meinen Zwillingen das Spielzeug gestohlen!", beschwerte sich Hattie.

„Ist das wahr, Pudy?", fragte Harry ernst.

„Ich dachte, die will keiner", weinte sie und gab Mausi und den Schal zurück. „'Tschuldigung. Ich wollte sie nur lieb haben."

Hattie sah Pudy an und schüttelte den Kopf.

„Pudy, du bist wirklich ein Halunke", lächelte sie.

„Wieso? Ich hab doch nur meinen Teddy und mein Schuschu gesucht!", rief Pudy. „Wenn ich nur wüsste, wo sie sind!"

„Oh, das weiß ich!", sagte Harry, und dann buddelte er sie aus dem Container und übergab sie seiner Schwester. „Keinen Ärger mehr heute, verstanden?", sagte er und küsste sie. „Und jetzt lasst uns alle ein anständiges Nickerchen machen."

Pudy drückte ihren Teddy und streichelte ihr Schuschu; sie war wieder glücklich. „Verstanden", sagte sie und grinste Harry an. „Ich und Schuschu sind artig, aber für Teddy kann ich nicht garantieren!"

Bella, die Heldin

Bella war ein sehr kluger kleiner Pudel. Ihr schneeweißes Fell kringelte sich zu perfekten Locken. Und ihre Krallen waren immer ordentlich geschnitten und gefeilt. Auf dem Kopf trug sie meistens eine schicke rote Schleife. Und niemals ging sie ohne ihr Halsband mit dem glänzend goldenen Anhänger spazieren.

Einmal in der Woche musste Bella zum Waschen, Scheren und Föhnen in den Pudelsalon. Und morgens wurde Bella von ihrem Frauchen Heidi so gekämmt und frisiert, dass die beiden genau gleich aussahen! Bella war zwar der klügste und hübscheste Hund der Stadt, aber sie war nicht glücklich. Sie hatte nämlich keine Freunde. Wenn Heidi mit ihr im Park spazieren ging, versuchte Bella, sich mit den anderen Hunden anzufreunden, aber die wollten nichts mit ihr zu tun haben.

„Da kommt Fräulein Hochnäsig", bellten sie. Dann kicherten sie und rannten davon, um ihre Welpenspiele zu spielen.
Und Bella kam nie von ihrer Samtleine frei. „Diese anderen Hunde sind Rüpel", erklärte Heidi. „Bei mir bist du viel sicherer."
Dabei hätte Bella so gern mit den anderen Hunden gespielt!
Ihnen schien es großen Spaß zu machen, Stöckchen und Bälle zu holen. Und wenn Heidi es nur erlaubt hätte, hätte sie es sicher auch geschafft, quer durch den See zu schwimmen.

Aber die anderen Hunde wussten nicht, dass Bella zu ihnen
gehören wollte. Sie sahen nur ihre schneeweißen Locken und
den glänzenden Goldanhänger und dachten, sie fände sich selbst
zu fein für sie.

„Sie will sich eben nicht die feinen Pfoten schmutzig machen",
erklärte Frau Collie ihrem jüngsten Welpen Toni, als der wissen
wollte, warum Bella immer an der Leine ging.

Eines Tages ging Bella wieder mit Heidi im Park spazieren. Sie
entdeckte den kleinen Toni, der am Seeufer ein paar junge Enten
jagte, und beobachtete ihn aufmerksam – und auch ein bisschen
neidisch.

Bella sah sich um. Frau Collie war nirgends in Sicht.

„Vorsicht, pass auf!", rief Bella, als Toni aufgeregt am Ufer herum-
hüpfte.

Aber Toni war zu beschäftigt und hörte sie nicht. Als eine Ente aufflog, machte Toni einen besonders großen Satz … und landete mitten im See.

„Vorsicht!", kläffte Bella noch einmal. Aber es half nichts, Toni war schon ein Stück aufs Wasser hinaus getrieben worden und halb untergegangen.

„Hilfe! Hilfe!", bellte Toni ängstlich, während er wild im Wasser zappelte.

Bella sah sich um, aber außer ihr hatte niemand bemerkt, dass der Welpe ins Wasser gefallen war. Sie bellte laut, nahm all ihre Kraft zusammen und riss sich samt ihrer Leine von Heidi los.

„Bella!", schrie Heidi. Aber Bella war schon im Wasser. Sie packte den zappelnden Toni im Nacken und zog ihn ans Ufer.

Am Ufer schüttelte sich Bella ausgiebig und leckte auch Toni trocken.

„Bella", keuchte Toni erstaunt.

„Bella!", rief Heidi und zeigte entsetzt auf ihre tropfnassen Locken und die Schlammpfoten.

„Spielst du jetzt mit mir?", bellte Toni und wedelte voller Erwartung mit dem Schwanz.

Bella sah Heidi an, dann Toni. Diesmal konnte doch Heidi einfach nichts dagegen haben.

Bella, die Heldin

Bella jagte Toni auf der Suche nach Frau Collie durch den Park. Heidi war erstaunt. Bella hatte noch nie so schmutzig ausgesehen. Vor allem aber hatte sie noch nie so glücklich ausgesehen! Von diesem Tag an ließ Heidi Bella mit den anderen Hunden spielen, wann immer sie wollte. Zu Hause wurde Bella anschließend zwar besonders gründlich gewaschen und gekämmt, aber das machte Bella nichts aus. Sie hatte viele Freunde und war der glücklichste kleine Pudel in der ganzen Stadt.

Die Nixe im Pool

Leon und Lara verbrachten ihre Ferien am Meer. Ihre Eltern hatten ein wunderbares Haus mit einem großen Swimmingpool gemietet. Das Tollste war aber ihr Schlafzimmer, von dem aus man direkt auf den Strand sehen konnte. In der ersten Nacht stürmte es, und der Wind heulte. Die Wellen überfluteten schäumend den Strand und leckten an der Hauswand. Die Kinder lagen wach in ihren Betten und lauschten dem Sturm.

Am nächsten Morgen war es wieder ruhig. Die Kinder standen früh auf und sahen aus dem Fenster. Die Gartenmöbel waren umgefallen, der Rasen lag voller Seetang, und im Pool schwamm eine Meerjungfrau!

Ja, wirklich! Eine Meerjungfrau im Swimmingpool! Sie schwamm auf und ab. Als Leon und Lara aus dem Haus auf sie zustürmten, floh sie in eine Ecke des Pools. Sie hatte Angst.

„Es tut mir leid, dass ich in eurem Pool geschwommen bin", sagte sie. „Ich habe es nicht böse gemeint."

„Das macht doch nichts", sagte Lara freundlich. „Wir wollten dich nicht erschrecken."

„Bestimmt nicht", sagte auch Leon. „Wir wollten dich nur kennenlernen. Wir haben nämlich noch nie eine Meerjungfrau getroffen."

„Ich heiße Marina", sagte die Meerjungfrau. „Als es anfing zu stürmen, habe ich gerade mit meinem Freund, dem Delfin Uli, im Meer gespielt. Eine große Welle hat mich über den Strand getragen, und jetzt bin ich hier. Aber wo ist Uli?"

„Wir helfen dir, Uli zu suchen", sagte Lara sofort. „Vielleicht sehen wir ihn von unserem Zimmer aus."

Kaum waren ihre Eltern weggegangen, schoben Leon und Lara Marina in einer Schubkarre ins Haus.

„Ich hatte immer nur den Himmel über mir", überlegte Marina. „Das Haus fällt mir doch nicht auf den Kopf, oder?"

„Auf keinen Fall", versicherte ihr Leon lächelnd.

Die beiden Kinder zeigten Marina viele Dinge, die sie noch nie im Leben gesehen hatte. Die kleinen Leute im Fernseher fand sie sehr seltsam, Laras Teddy mochte sie auf Anhieb, aber Betten hielt sie für die albernste Erfindung, die sie je gesehen hatte. Doch so lange sie auch aus dem Fenster schauten, der Delfin Uli war nirgends zu sehen.

„Ich muss gleich nach Hause", sagte Marina traurig. „Ich kann nicht so lange an Land bleiben und muss unbedingt Uli finden. Im Sturm habe ich auch noch mein Muschelhorn verloren, sonst könnte ich ihn ja rufen."

„Wir bringen dich noch ans Meer", sagte Leon.

„Und helfen dir, das Horn zu suchen", sagte Lara.

Sie hoben Marina wieder in die Schubkarre und schoben sie zum Strand hinunter. Den Rest des Tages verbrachten sie mit der Suche nach ihrem Muschelhorn. Sie wollten schon aufgeben, als Lara plötzlich eine große Muschel aus dem Sand ragen sah. Leon nahm einen Stock und buddelte sie aus. „Mein Horn!", rief Marina. Sie wuschen den Sand ab, und Marina blies hinein. Ein wunderschöner Klang breitete sich über den Wellen aus, und sofort ertönte eine Antwort. Auf hoher See entdeckten sie etwas Blaugraues. Es sprang weit aus dem Wasser und schwamm auf sie zu.

Das war Uli!

Marina juchzte vor Freude und schwamm ihm entgegen. Sie warf ihm die Arme um den Hals und drückte ihn. Dann wandte sie sich den Kindern zu.

„Vielen Dank für eure Hilfe!", rief sie.

„Bis zum nächsten Jahr!", riefen Leon und Lara. Dann sahen sie zu, wie Marina und Uli elegant ins Meer hinausschwammen.

Zirkus

Dieser graue Tag in der Schmuddelgasse verdarb Harry und der Hundemeute mächtig die Laune.

„Lasst uns etwas Lustiges machen!", gähnte Bonnie gelangweilt. „Zum Beispiel ..."

Und schon sprangen Bonnie und Pudy auf eine alte Matratze: BOING! BOING! BOING!

„Juchu, das macht Spaß!", quiekte Pudy. „Wetten – ich springe am höchsten!"

„Ich bin Bonnie, der Matratzen-Matador", kicherte Bonnie.

Sie hüpfte hoch in die Luft – und mit einem BUMS landete sie auf dem Rasen.

„Oh Verzeihung", sagte sie, „das ging wohl daneben."
Darauf erklomm Mac die Wäscheleine.
„WAAUU! Ich bin der wankende Wackelhund!"
„Oh, nein", schnappte Patty bei seinem Anblick nach Luft. „Gleich fällt er!" Und schon plumpste er auf die Matratze. Mac rieb sich den Kopf und grinste.
Harry lachte. Seine Freunde hatten ihn auf eine Idee gebracht.
„Lasst uns Zirkus spielen!"
Alle Gassenhunde waren sofort einverstanden und zogen zum Spielplatz, wo sie alles Nötige für ein Zirkuszelt fanden.
„Wir brauchen eine Arena", sagte Harry.

„Die Autoreifen sind bestimmt bequeme Sitze", sagte Foster.

„Und aus den Plastiktüten machen wir einen Vorhang!" rief Patty.

Schon bald war das Zirkuszelt fertig.

„Super! Jetzt müssen wir allen sagen, dass der Zirkus in der Stadt ist!", sagte Harry. „Du machst das, Foster. Du hast die lauteste Stimme von uns!"

Foster holte ganz tief Luft – und bellte, so laut er konnte: „Herrr-einspaziert! Kommen Sie in Harrys Zirkuszelt. *Die* Sensation der Zirkuswelt!"

Aus allen Richtungen bellte, kläffte und japste es, und im Nu stand eine lange Hundeschlange vor dem Zirkus.

Harry stieg in die Arena und hustete kurz. „Meine sehr verehrten Damen und Herren", rief er, „begrüßen Sie mit einem warmen Willkommen-Wuff ‚Harrys heldenmutige Hundemeute'!"

Das Publikum applaudierte mit allen Vieren.

Aber die Hundemeute erschien nicht.

„Harry", rief Mac von hinten, „wir haben Lampenfieber!"

Harry kroch hinter den Vorhang. Seine Freunde zitterten und schlotterten.

„Ihr Dummdödel", grinste er. „Da gibt es doch keinen Grund zum Zittern. Passt auf!"

Er warf sich einen Umhang um und stürmte zurück in die Arena.

„Zum Auftakt erleben Sie ‚Harry in der Höhe'!", rief er, und das Publikum johlte begeistert. „Als erste Darbietung zeige ich Ihnen den Todesmutigen Hochseillauf!"

Er sprang auf das Schaukelseil und balancierte hoch oben von einem Ende zum anderen, ohne auch nur einmal herunterzufallen.

„Wie macht er das bloß?", staunte das Publikum. Da kletterte Harry bereits auf einen Backsteinturm.

„Uuuh! Wenn der umfällt!", quiekte ein junges Hündchen. „Da kann ich nicht hinsehen!"

Doch Harry schaffte es – und balancierte sogar auf einer Pfote!

Die Schmuddelgassenhundemeute spähte hinter dem Vorhang hervor. Harry amüsierte sich großartig, und von Lampenfieber war nichts zu sehen. So gaben sie sich einen Ruck und rannten in die Arena.

„Schaut her", rief Foster, „ich balanciere einen Ball auf meinem Bauch!"

Das Publikum lachte und klatschte begeistert Beifall.

Patty und Mac sprangen hoch und überschlugen sich über der alten Matratze – ein wahrhaftiges Akrobatenpaar!

Die Vorführung endete mit einem weiteren Höhepunkt, dem Tollkühnen Karrenturm.

Bonnie und Foster standen mit allen Vieren auf dem Karren, Patty und Mac kletterten auf ihre Schultern, und Pudy sprang oben drauf und balancierte auf deren Köpfen. Dann schob Harry den Karren einmal rund um die Arena!

„Zugabe! Zu-ga-be!", brüllte die Menge, außer sich vor Begeisterung.

„Na, Pudy", lächelte Harry, als sie abends in die Schmuddelgasse zurückkehrten, „war das etwa ein langweiliger Tag?"

„Überhaupt nicht, Harry", antwortete sie. „Im Gegenteil – ein Super-Super-Super-Spaß!"

Wo steckt Mieze?

Sandra war besorgt: Mieze, ihre Katze, wurde immer fetter. Außerdem verhielt sie sich seltsam. Sie wollte einfach nicht mehr in ihren Katzenkorb.

„Bestimmt ist sie krank", sagte Sandra zu ihrer Mama. „Ihr Bauch ist ganz dick, und seit Tagen schläft sie nicht mehr in ihrem Körbchen."

„Mach dir keine Sorgen", beruhigte Mama sie und nahm sie in den Arm. „Wenn es Mieze morgen früh nicht besser geht, bringen wir sie zum Tierarzt." „Nicht so laut!", flüsterte Sandra. „Du weißt doch, dass sie da überhaupt nicht gern hingeht." Aber zu spät, Mieze war schon verschwunden.

Sandra und ihre Mutter durchsuchten das ganze Haus, konnten die Katze aber nirgends finden. Nicht einmal, als sie ihr ein Schüsselchen mit Milch hinstellten, kam sie angelaufen.

Auch am nächsten Morgen fanden sie keine Spur von Mieze.

„Sie hat wahrscheinlich gehört, dass wir vom Tierarzt gesprochen haben", stöhnte Sandra, während sie überall nach ihr suchten. Sie fanden alles Mögliche, was seit langem vermisst wurde, sogar den Lieblingsteddy, der unter das Sofa geraten war. Nur Mieze war nirgends zu sehen.

„Vielleicht versteckt sie sich im Garten", überlegte Sandra. Sie sahen im Blumenbeet nach, unter der Hecke und oben auf dem Baum. Da saßen allerdings nur Vögel.

„Manchmal sonnt sie sich im Gemüsebeet", fiel Sandra ein. Doch das einzige Tier zwischen Salat und Mohrrüben war ein puscheliges Kaninchen.

„Mieze!", rief Mama, die im Schuppen nachschaute. Obwohl Mieze gewöhnlich gern dort schlief, fanden sie heute nur Mäuse. „Ob wir sie aus Versehen in der Garage eingesperrt haben?", überlegte Sandra. Also holten sie den Schlüssel und sahen in der Garage nach. Sie suchten neben, vor und hinter dem Auto und schließlich im Auto. Sogar unter dem Auto sahen sie nach. Doch sie fanden nichts als Spinnen.

Mieze war weder im Haus noch im Garten, also ging Mama mit Sandra in den Park, um weiterzusuchen.

„Komm, Mieze", lockte Sandra. Leider sahen sie nur Hunde im Park. Da Mieze Hunde nicht ausstehen konnte, war sie bestimmt nicht hier.

Auf dem Heimweg spähten sie über Hecken und öffneten Mülltonnen. Mama nahm Sandra sogar auf die Schultern, damit sie auf die Dächer der Nachbarsgaragen gucken konnte. Mieze war nirgends zu entdecken.

Sandra fing an zu weinen. „Sie ist weggelaufen", schluchzte sie. „Wir finden sie nie wieder!"

Da hatte Mama eine Idee. Sie half Sandra, ein paar Bilder von Mieze zu zeichnen. Über die Bilder schrieben sie „Entlaufen!", und darunter ihre Telefonnummer. Und diese Zeichnungen warfen sie in alle Briefkästen ihrer Straße.

Am Nachmittag war Sandra mit ihrer Mutter im Garten, als Frau Müller von nebenan über die Hecke rief: „Kommt mal her und guckt euch an, was ich in meinem Wäschekorb gefunden habe." Sie lächelte. Sofort liefen Sandra und ihre Mama zum Nachbarshaus. Als Sandra sah, was Frau Müller in ihrem Wäschekorb entdeckt hatte, wollte sie ihren Augen nicht trauen.

Dort, inmitten der Wäsche, lag Mieze. Sie war ganz dünn und sah ziemlich stolz aus. Neben ihr lagen sechs süße Katzenbabys! Die waren winzig klein, ihre Augen waren noch geschlossen. Mieze hatte also gar keine Krankheit gehabt, sondern bloß Junge erwartet!

Frau Müller erlaubte, dass Mieze den Korb behielt, bis sie ihn nicht mehr brauchte. Also trug Mama die ganze Katzenfamilie im Korb nach Hause, während Sandra ausgelassen neben ihr herhüpfte.

Sandra freute sich riesig. Sie konnte es kaum erwarten, allen zu erzählen, wie sie nach einer Katze gesucht und sieben gefunden hatten!

Das Flusenmonster

Dies ist die Geschichte von den Flusenmonstern. Jeder hat schon mal Flusen unterm Bett gesehen. Die gibt es, weil unter den Betten die Flusenmonster wohnen. Sie brauchen allerdings Betten, unter denen nicht allzu oft sauber gemacht wird. Die Flusenmonster kommen nur hervor, wenn es dunkel ist. Sie wissen nicht, wie die Welt vor den Betten bei Tag aussieht. Sie haben Angst, sich im Hellen hinauszuwagen. Denn wer weiß, was dort draußen bei Tageslicht los ist!

Einmal, als Fluff, ein Flusenmonster-Junge, gerade gemütlich Flusen mit Pudding aß, tauchte auf einmal ein magisches Sauggerät auf. Es machte einen Höllenlärm. Und dann schlürfte ein Rohr mit einer Bürste am Ende auch noch alle Flusen unter dem Bett auf, die Fluff so fleißig gesammelt hatte.

Fluff hatte immer unter seinem Bett gelebt. Er wollte wissen, wie es unter anderen Betten zuging.

„Nur unartige Flusenmonster gehen bei Tageslicht hinaus", warnte Fluffs Mama. „Und weißt du, was dann mit ihnen passiert?"

„Nein", antwortete Fluff beunruhigt. „Was denn?"

Die Stimme seiner Mutter klang bedrohlich, als sie fortfuhr: „Dann kriegt dich das kleine Mädchen!!"

Fluff machte große Augen.

„Wer ist denn das kleine Mädchen?", fragte er ängstlich.

„Das kleine Mädchen ist ein Monster, das oben auf dem Bett wohnt", erklärte Fluffs Mama. „Sie ist sehr hübsch und blitzsauber. Sie wird dich mitnehmen und waschen und dich in ein Zimmer stecken, durch dessen Fenster die Sonne scheint. Sie wird die Türen öffnen und ganz viel frische Luft reinlassen."

„Das ist ja schrecklich! Ich glaube das nicht", sagte Fluff. „Das sagst du nur so!"

„Tja, du musst eben immer schön brav sein", antwortete Fluffs Mama, „oder du wirst es am eigenen Leib erfahren."

„Ich habe keine Angst vor dem kleinen Mädchen!", behauptete Fluff. Er ließ sich nicht leicht einschüchtern. Er wollte nun einmal wissen, wie es unter anderen Betten aussah. Eines Tages, als alle schliefen, schlich Fluff sich davon. Vor dem Bett fiel helles Sonnenlicht ins Zimmer.

„Das muss das Fenster sein, von dem Mama mir erzählt hat",
dachte Fluff.

Er spazierte in das nächste Zimmer und entdeckte ein anderes
Bett, unter das er kroch. Dort gab es dicke Spinnen und lang-
beinige Mücken, Spinnweben und jede Menge Staub. Es war
einfach klasse! Fluff aß ein paar Flusen (obwohl er Mamas
Pudding vermisste) und machte es sich in seinem neuen Unter-
schlupf gemütlich.

Doch Fluff konnte nicht einschlafen, weil er immerzu an das
kleine Mädchen denken musste und herausfinden wollte, ob es
wirklich existierte. Also nahm er seinen ganzen Mut zusammen
und streckte den Kopf unter dem Bett hervor. Vorsichtig hangelte
er sich an der Bettdecke hoch, bis auf die Bettkante.

Das kleine Mädchen wurde mit einem Mal wach und setzte sich auf. Fluff war so überrascht, dass er ängstlich zusammenzuckte. „Aaah!", schrie er entsetzt. „Aaah!", schrie auch das Mädchen. Beide verzogen sich an die entgegengesetzten Enden des Bettes und starrten einander an.

„Hast du mich vielleicht erschreckt!", sagte Fluff.

„Ich? Dich erschreckt?", fragte das kleine Mädchen. „Du hast mich erschreckt!"

„Ach, wirklich?", fragte Fluff. „Wieso denn das?"

„Na ja, du bist doch der Buhmann, oder?", sagte das kleine Mädchen.
„Es gibt keinen Buhmann." Fluff lachte. „Ich bin ein Flusenmonster und heiße Fluff. Ich bin vor kurzem unter diesem Bett eingezogen. Lebst du auch hier?"

„Nein, du Dummkopf", erwiderte das kleine Mädchen. „Ich schlafe hier nur nachts. Und ich dachte, der schreckliche Buhmann lebt unter dem Bett. Aber du siehst gar nicht so furchterregend aus."

„Und jetzt?", fragte Fluff. Er steckte die Daumen in die Ohren, wackelte mit den Fingern und streckte die Zunge heraus. Das kleine Mädchen lachte.

„Das ist doch gar nicht gruselig!", rief sie. „Das hier ist gruselig!" Sie zog die Mundwinkel mit den Fingern herab und schielte fürchterlich.

Und so kam es, dass Fluff und das kleine Mädchen entdeckten, dass es weder auf dem Bett noch unter dem Bett etwas zum Fürchten gibt.

Die ungezogenen Nixen

Jessi und Kassandra waren die frechsten Nixen im ganzen Meer. Sie durften nicht an die Wasseroberfläche schwimmen, wenn Menschen in der Nähe waren. Trotzdem schwammen sie zum Leuchtturm und riefen den kleinen Jungen, der dort wohnte.

„QUU-III!", riefen sie, und wenn der Junge dann zu ihnen hinunter-sah, kicherten sie und tauchten unter.

„QUU-III!", riefen sie kurz da-rauf von der anderen Seite des Leuchtturms. Wenn er dann aber zu ihnen herüber-rannte, um sie zu sehen, tauchten sie wieder unter. Als König Neptun davon hörte, wurde er sehr böse! „Ich dulde dieses schlechte Betragen nicht", dröhnte er. „Nixen sollen sich von Men-schenkindern fernhalten!"

Aber Tom, so hieß der Junge, fühlte sich einsam auf dem Leuchtturm, denn er hatte niemanden zum Spielen. Eines Tages gab
seine Mutter ihm einen Picknickkorb mit. Tom breitete ein Tuch
auf den Felsen aus und legte leckere Sachen darauf: Pizza, Chips,
Limonade und Hamburger.

Aus den Wellen tauchten die beiden ungezogenen Nixen auf und
schauten interessiert auf das appetitlich aussehende Essen.

„Hallo, Tom!", riefen sie ihm zu. „Willst du das alles ganz allein auf-
essen?"

Tom war sprachlos vor Staunen. Er hatte noch nie im Leben eine
Nixe gesehen.

„Ja", sagte er schließlich. „Ich meine: Nein! Ihr könnt gerne etwas
abhaben, wenn ihr wollt."

Die Nixen hatten noch nie Pizza, Chips, Limonade oder Hamburger probiert. Sie aßen und tranken so viel, dass ihnen schlecht wurde. Langsam schwammen sie nach Hause und hofften, dass sie nicht König Neptun begegnen würden. Doch er sah sie und rief sie zu sich.

„Das ist eine Warnung!", sagte König Neptun. „Nixen sind keine Kinder. Sie können sich nicht wie Menschenkinder benehmen, und sie können auch nicht das Gleiche essen wie Kinder."

Eine Zeit lang spielten Jessi und Kassandra mit den anderen Meeresbewohnern und aßen Nixennahrung wie Krabben und Seetang. Das wurde ihnen aber bald zu langweilig!

„Ich habe Lust auf Pizza", sagte Jessi eines Tages zu Kassandra.
„Ich auch", antwortete Kassandra, „und auf dieses Chipszeug."
„Mmmmm, und Limo!"
Die beiden ungezogenen Nixen sahen sich an. Dann schwammen
sie Hand in Hand an die Wasseroberfläche.
Tom wartete bereits mit einem Picknick auf sie. Sie aßen und
aßen, bis sie nicht mehr konnten. Danach spielten sie Verstecken
in den Wellen.
Die Nixen hatten so viel Spaß, dass sie am nächsten Tag wieder-
kamen und am übernächsten auch. Als sie sich am dritten Tag
verabschiedet hatten und zum Meeresgrund zurückschwimmen
wollten, da waren ihre Fischschwänze hart und schwer geworden.
Sie kamen nicht von der Stelle! König Neptun hatte Recht gehabt! Nixen durften sich nicht wie Kinder benehmen. Sie klam-
merten sich an die Felsen unter dem Leuchtturm und weinten.

„Was ist los?", fragte Tom erschrocken.

„Wir dürfen eigentlich kein Essen für Menschenkinder naschen," gaben sie schluchzend zu.

Tom wusste genau, was zu tun war! Er holte sein Fischernetz und seinen Eimer und suchte die Insel ab. In den kleinen Wasser-löchern zwischen den Felsen sammelte er Krabben und Seetang. Drei Tage und Nächte lang fütterte er die Nixen mit richtiger Nixennahrung. Am Abend des dritten Tages konnten sie ihre Schwänze wieder bewegen und nach Hause schwimmen.

König Neptun wartete schon auf sie. Diesmal wurde er nicht böse, sondern er freute sich, dass sie wieder gesund und munter bei ihm waren. „Hoffentlich habt ihr etwas dazugelernt", meinte er. „Tom hat sich als ein guter Freund erwiesen, mit ihm dürft ihr spielen. Nur rührt sein Essen nicht an!" In der nächsten Zeit besuchten sie Tom oft und spielten mit ihm. Von seinem Essen naschten sie aber nie wieder!

Wasserjagd

Es war ein unglaublich heißer Tag in der Schmuddelgasse. Harry und seine Hundemeute schmolzen geradezu dahin!

„Ich brauche einen Schlipp-Schlapper-Eislutscher für meine Zunge!", seufzte Foster.

„Und ich einen coolen Pool für meine Pfoten", grummelte Pudy.

„Zu heiß zum Schlafen", stöhnte Bonnie. „Ich bin der heißeste Hund aller Zeiten!"

„Ich bin heißer!", schnaubte Foster.

„Gar nicht wahr", warf Patty ein. „Ich bin die heißeste überhaupt!"

„Mir war nicht mehr so heiß", sagte Mac, „seit damals in der Wüste ..."

„*Oh nein, Mac, nicht schon wieder!*", schnauzten die anderen zurück.

„Zu heiß zum Nichtstun", sagte Patty.

„Außer zum Super-eiskalten-Eisschlecken", träumte Foster grinsend.

„Ich hab's!", rief Mac plötzlich. „Warum gehen wir nicht zum Strand und spielen dort im Sand und spritzen uns von oben bis unten mit Wasser nass?!"

„Gute Idee", lächelte Harry. „Aber an einem Tag wie heute ist das viel zu weit. Hast du nicht eine bessere Idee?"

„Wir gehen in den Park", schlug Patty vor. „Dort können wir ins Planschbecken springen und am Springbrunnen spielen."

Die kleine Pudy war den Tränen nahe.

„Ich kann nicht so weit laufen, Harry", flüsterte sie ihrem Bruder zu. „Ich hab *soo* kurze Beine!"

„Keine Angst, Pudy," beruhigte Harry sie, „wir gehen nicht ohne dich."

„Irgendwo muss es doch Wasser geben!", schnaufte Patty.

„Wenn ich nicht bald Wasser finde, werde ich zu einem klebrigen, haarigen Klumpen zusammenschmilzen," ächzte Foster.

Die armen Hunde – was konnten sie nur tun?

Unterdessen suchten auch die schwitzenden Gassenkatzen in jeder Ecke – nur nicht nach Wasser. Oh, nein! Sie suchten eine Maus, genauer: Archies Spielzeugmaus. „Ich will sie wieder haben!!", heulte er und hob eine Schachtel hoch.

„Hier ist sie jedenfalls nicht!", rief Bert vom Rand eines umgestülpten Blumentopfes her.

„Piuuh!", stöhnte Hattie. „Es ist einfach zu heiß zum Suchen, Archie. Am besten machen wir erst ein Katzennickerchen."

„Zeit für ein Katzennickerchen!", sagte Lucy. „Prima Idee!"

Also kringelten sich sämtliche Gassenkatzen für ein Nachmittagsschläfchen zusammen – oder etwa nicht?

Lenny und Lulu, die Zwillingskätzchen, hatten keine Lust auf ein Nickerchen.
„Das ist was für Babys", flüsterte Lenny seiner Schwester zu. „Komm mit, Lulu!"
„Jippie!", jauchzte Lulu. „Auf ins Abenteuer!"
Die Zwillinge krabbelten und kletterten über Töpfe und Pfannen auf ein Loch im Zaun zu.
„Wetten?", rief Lenny zu seiner Schwester hinüber. „Wir finden Archies Maus dahinter!"
Leise und vorsichtig zwängten sich die beiden durch das winzige Loch ... Plötzlich sprang ein sonderbares, gestreiftes Monster vor ihnen aus dem Gras.
„Aaaahh!", schrie Lulu auf. „Was ist das?"
Etwas kam, sich durch das hohe Gras windend und zischend, auf sie zu gekrochen. Dann hob es plötzlich den Kopf vor ihnen und gab – „HISSSSS!" – ein lautes Zischen von sich!
„Eine Schlange!", brüllte Lenny. „Los! Abhauen!"
Sie rannten, so schnell sie konnten, auf einen Baum zu und brachten sich in seinen Ästen in Sicherheit.
Lenny und Lulu zitterten wie Espenlaub.

„Hilfe!", jammerten sie.

Als die Schlange unter ihnen auf und ab tanzte, fingen die beiden Kätzchen an zu weinen.

Mit einem letzten, ohrenbetäubenden „Hisssss!" bäumte sich die Schlange auf – und blieb mit dem Kopf in einem Ast hängen!

Plötzlich schoss ein mächtiger Wasserstrahl aus dem Schlangenmaul über den Zaun hinweg in die dahinter liegende Schmuddelgasse – SPLAAAASCH!

Diese beiden Angsthasen! Es war gar keine Schlange, sondern ein Gartenschlauch, und sein kühles Wasser weckte Harry und die Hundemeute. Sie trauten ihren Augen nicht!
„Hitze und Regenguss auf einmal!", lachte Harry.

Er blickte zum Zaun und sah Lenny und Lulu schüchtern herüberblinzeln.
„Ihr seid ja ein cleveres Katzen-duo!", rief er ihnen zu.
„Ein dreifaches Hoch für Lenny und Lulu!"
Und so haben zwei coole Katzen fünf heiße Hunde glücklich gemacht!

Das Schweinchen und die Juwelen

Tausendschön war ein bildhübsches Mädchen. Sie war auch sehr lieb und freundlich. Tausendschön kümmerte sich um alle Tiere des Bauernhofs, auf dem sie lebte. Sie liebte sie von Herzen, und die Tiere liebten sie ebenso.

Doch insgeheim wünschte Tausendschön sich, mehr zu sein als eine einfache Bauerstochter. Wenn sie die Hühner und die Enten fütterte oder die Schafe zählte, träumte sie oft davon, eine Prinzessin zu sein. Wenn sie abends im Bett lag, sagte sie: „Ach, wie gerne wäre ich doch eine Prinzessin!"

Eines Tages fand sie am Waldrand ein krankes Schweinchen.
Sie trug es heim zum Bauernhof und pflegte es gesund. Das
Schweinchen wurde zu ihrem Lieblingstier, und es folgte ihr auf
Schritt und Tritt.

Tausendschön vertraute ihm all ihre Wünsche an, und es lauschte
aufmerksam. Fast schien es, als verstünde es jedes Wort. Sogar ihr
wichtigstes Geheimnis vertraute sie ihm an.

„Liebes kleines Schweinchen", flüsterte sie ihm ins Ohr, „am allerliebsten wäre ich eine Prinzessin!"

In der Nacht verschwand das Schweinchen. Als es am nächsten
Morgen zurückkam, trug es eine Krone mit Juwelen auf dem Kopf
und stellte sich so vor Tausendschön, dass sie im Sonnenlicht nur
so funkelten.

„Mein liebes Schweinchen", rief Tausendschön entzückt, „ist das etwa für mich?"

Das Schweinchen grunzte. Tausendschön nahm die Krone und setzte sie sich auf den Kopf. Sie passte ihr wie angegossen.

In der nächsten Nacht ging das Schweinchen wieder fort. Wie zuvor kehrte es am nächsten Morgen zurück … diesmal mit einer wunderschönen Halskette. Tausendschön legte sie an.

„Na, wie sehe ich aus?", fragte sie. Aber das Schweinchen grunzte natürlich nur.

Auch in den sechs darauf folgenden Nächten ging das Schweinchen fort. Und jeden Morgen kehrte es mit einer anderen wertvollen Gabe zurück.

Es brachte ein Kleid aus gelber Seide, gefolgt von einem roten Umhang und weichen Lederschuhen. Dann holte es mit Juwelen besetzte Armreifen und lange Seidenbänder für ihr Haar. Schließlich erschien das Schweinchen mit einem Ring aus Gold, der mit lauter Rubinen besetzt war.

Tausendschön legte alle Geschenke an, die das Schweinchen ihr mitgebracht hatte, und stellte sich vor einen hohen Spiegel. „Endlich", flüsterte sie ihrem Spiegelbild zu, „sehe ich aus wie eine echte Prinzessin!"

Am nächsten Tag verschwand das Schweinchen wieder. Tausendschön machte sich keine Sorgen, weil sie wusste, dass es stets
wiederkam.

Doch Tage und Wochen vergingen, und das Schweinchen kehrte
nicht zurück. Tausendschön vermisste es mehr, als sie sagen
konnte.

Die Tage wurden kürzer, und tiefer Schnee legte sich über das
Land. Tausendschön saß des Abends am Feuer und dachte
schweren Herzens an ihr liebes Schweinchen.

„Wie gerne würde ich eine einfache Bauerstochter bleiben, wenn
es nur wieder zu mir zurückkäme", schluchzte sie, während sie in
den Kamin starrte.

Auf einmal hörte sie etwas an der Tür – es war das Schweinchen! Mit einem freudigen Aufschrei beugte sie sich hinab, um es zu küssen, und im selben Augenblick verwandelte es sich in einen wunderschönen Prinzen.

Tausendschön erschrak. „Liebe, süße Tausendschön", sagte der Prinz und ergriff ihre Hand. Ohne dich würde ich noch heute verzaubert und einsam umherirren."

Er erklärte ihr, wie er von einer bösen Hexe in ein Schwein verwandelt worden war. „Dein Kuss hat den Bann gebrochen", sagte der Prinz. „Tausendschön, willst du mich heiraten?"

So ging Tausendschöns Traum in Erfüllung. Nun wurde aus ihr doch noch Prinzessin Tausendschön!

Die Prinzessin, die nicht lachte

Vor langer, langer Zeit kam in einem fernen Land eine Prinzessin zur Welt. Der König und die Königin nannten sie Prinzessin Kolumbina. Sie fanden, dass sie das entzückendste kleine Mädchen war, das je geboren wurde. Und um ganz sicher zu sein, dass es jemanden gab, der sie jederzeit umsorgte, stellten sie eine Amme ein, die immer bei ihr blieb.

Als die Königin eines Tages das Kinderzimmer betrat, schlief die Amme, und die kleine Prinzessin weinte. Darüber war die Königin sehr verärgert. Sie rief den König herbei. Er schimpfte die Amme aus, weil sie nicht aufgepasst hatte.

Der König und die Königin wussten jedoch nicht, dass die Amme in Wirklichkeit eine böse Zauberin war. In ihrem Zorn verhängte sie einen Fluch über die kleine Prinzessin:

„Prinzessin Kolumbina wird so lange nicht lachen, bis sie meinen wahren Namen herausfindet!"

Der König und die Königin waren sehr betrübt. Von dem Tag an lachte die Prinzessin nicht mehr. Überall im Land wurde nun nach Namen gesucht. Sie versuchten es mit den üblichen Namen wie Lisa, Katharina und Marie. Sie probierten ungewöhnlichere Namen wie Arabella, Tallia oder Leonora. Selbst mit ganz fremdländischen Namen wie Doromina, Truditta oder Ludwiga versuchten sie ihr Glück. Doch keiner der Namen konnte den Zauber brechen.

Nun wuchs Prinzessin Kolumbina zu einem liebenswerten und wunderschönen Mädchen heran. Doch ihr Gesicht sah immer so traurig aus, dass es den König und die Königin ganz unglücklich machte. Sie versuchten alles, um sie zum Lachen zu bringen. Sie schenkten ihr ein kleines Hündchen. Sie engagierten sogar einen Hofnarren, der die albernsten Witze erzählte, die man je gehört hatte.

„Warum schüttelt sich die Kuh auf der Weide?", fragte der Narr.
Die Prinzessin zuckte mit den Schultern.
„Weil sie Geburtstag hat und Sahne schlagen will!" Der Narr lachte.
„Wie nennt man den Zustand kurz nach dem Aufstehen?", fragte
der Narr noch einmal. Die Prinzessin blickte ihn nur höflich an.
„Morgengrauen!"

Eines Tages kam ein Künstler mit Namen Rudolpho zum Palast und fragte den König, ob er ein Bild von der Prinzessin malen dürfe. Der König stimmte unter einer Bedingung zu. Der Künstler sollte die Prinzessin mit einem Lächeln malen. Rudolpho baute seine Staffelei vor einem hohen Spiegel auf und begab sich sofort ans Werk. Die Prinzessin saß ihm gegenüber und beobachtete ihn in dem Spiegel beim Malen. Während Rudolpho arbeitete, stellte er der Prinzessin Fragen über alle Bewohner des Palastes. Schon bald hatte er das Porträt der Prinzessin gemalt, nur das Lächeln fehlte noch. Aber es gelang ihm einfach nicht, der Prinzessin ein Lachen zu entlocken.

Rudolpho versuchte es mit lustigen Zeichnungen. Er malte witzige Bilder vom König und der Königin. Die Prinzessin betrachtete sie höflich. Dann zeichnete er ein Bild ihrer alten Amme und versah es mit einem Schnurrbart. Darüber schrieb er AMME. Prinzessin Kolumbina blickte in den Spiegel. Dort, über dem Bild, sah sie in Spiegelschrift das Wort.

„EMMA", sagte Prinzessin Kolumbina leise. Und dann lächelte sie. „Ihr Name ist EMMA!", rief sie lachend. Endlich war der Bann gebrochen. Der König und die Königin hörten ihr Lachen und eilten herbei. Sie waren so überglücklich, dass bald alle Palastbewohner in ihr Lachen einstimmten.

Der kleine, freche Kater

Eddie war ein kleiner, frecher Kater. Meistens wollte er gar nicht frech sein, das ergab sich einfach so.

„Pass doch ein bisschen besser auf", ermahnte ihn seine Katzenmama. Aber Eddie stellte viel zu gern etwas an, als dass er gehorcht hätte.

Eines Tages war Eddie in einer besonders übermütigen Stimmung. Zuerst spielte er mit seiner kleinsten Schwester Fangen – und jagte sie geradewegs einen alten Apfelbaum hinauf. Erst nach Stunden kam der Katzenpapa, um sie zu retten.

Dann kippte Eddie dem Hund Pudding über den Schwanz. Wie ein Kreisel drehte der Arme sich um die eigene Achse, als er versuchte, sich den Pudding hinten abzulecken. Ihm wurde dabei so unglaublich schwindelig, dass er umfiel. Darüber musste Eddie lachen, bis ihm der Bauch wehtat.

Dann bekam Eddie Lust, mit den Mäusen Verstecken zu spielen. Er versetzte sie in solche Angst, dass sie sich für den Rest des Tages weigerten, ihr Mäuseloch zu verlassen. Kurz darauf schlich Eddie sich von hinten an das Kaninchen heran und schrie plötzlich: „He du!" Das arme Kaninchen erschrak so sehr, dass es kopfüber in sein Frühstück fiel. Eddie fand es unglaublich komisch mit den Salatblättern im Gesicht. Das Kaninchen aber fand das gar nicht witzig.

Und schließlich stieß Eddie auch noch eine Schubkarre voller Äpfel um, als er versuchte, einen Vogel zu fangen. Er hielt sich den Bauch vor Lachen, als sein kleiner Bruder über die kullernden Äpfel stolperte. Als ein Apfel im Gartenteich landete, beschloss Eddie, gleich noch ein paar Äpfel schwimmen zu lassen. Wie lustig war das, als die Goldfische in heller Aufregung zu flüchten versuchten und dabei mit den Köpfen zusammenstießen!

Eddie prustete so sehr los, dass er – UUIIIH! – aus dem Gleichge-
wicht geriet. Er versuchte, die Balance zu halten, aber umsonst:
Mit einem lauten PLATSCH! fiel er in den Teich.
„Hilfe! Ich kann nicht schwimmen!", jammerte er.
Er hätte eigentlich keine Angst haben müssen, weil
ihm das Wasser nur bis zum Bauch reichte,
dennoch ruderte er aufgeregt mit den
Pfoten. „Igitt!", schimpfte er und
spuckte einen Mund voll
Wasser aus.

„Hihihi!", kicherten die anderen Kätzchen, die von dem Lärm angelockt worden waren. Und es dauerte nicht lange, bis der Hund und das Kaninchen auch mitlachten.
„Du solltest wirklich besser aufpassen", sagte die Katzenmama und versuchte, ernst zu bleiben.

„Sehr witzig", maulte Eddie. Finster musterte er die anderen Tiere, als ihn der Katzenpapa aus dem Teich fischte. Doch dann erblickte er sein Spiegelbild im Wasser. Er sah tatsächlich zu komisch aus! Da musste er in das Gelächter der anderen mit einstimmen. Seit diesem Tag gab Eddie sich Mühe, nicht mehr ganz so frech zu sein. Und wisst ihr was? Es gelang ihm sogar ... zumindest manchmal!

Die gelben Glockenblumen

Die Feen im Winkelhäuschen hatten immer viel zu tun. Der Garten stand voller Blumen, und die Feen mussten sich darum kümmern. Man konnte ihnen dabei allerdings nicht zusehen, denn sie arbeiteten nachts und versteckten sich bei Tag. Bella, die jüngste Fee, hatte besonders viel zu tun. Sie musste alle Glockenblumen blau anpinseln, und im Garten des Winkelhäuschens gab es sehr viele davon. Wie ein blauer Teppich blühten sie unter dem alten Apfelbaum.

Eines Abends wurde Bella krank.

„Ich bin so erkältet", erzählte sie ihrer Freundin Trixi und schniefte. „Ich glaube, ich kann heute Nacht nicht arbeiten."

„Ich würde dir ja helfen", sagte Trixi, „aber ich muss die Blumen mit Parfüm einsprühen, sonst duften sie nicht richtig. Du musst wohl die Gartenzwerge fragen."

Oh je! Es war allen Feen unangenehm, die Gartenzwerge Pit und Puck um Hilfe zu bitten. Am liebsten gingen die beiden angeln oder surfen oder stellten irgendeinen Unfug an. Bella machte sich große Sorgen deswegen.

„Kein Problem!", sagten Pit und Puck, als sie sie fragte. „Überlass das nur uns."

Aber Bella hatte sich zu Recht gesorgt, denn als sie am nächsten Morgen aufstand, sah sie, dass die Zwerge einige Glockenblumen gelb gestrichen hatten. Sie war fassungslos.

„Hast du schon gesehen, was sie gemacht haben?", fragte sie Trixi. „Was Tim wohl dazu sagen wird?"

Tim lebte mit seinen Eltern im Winkelhäuschen und spielte täglich im Garten. An diesem Morgen ging er zu dem alten Apfelbaum, der sich gut zum Klettern eignete. Als er von seinem Lieblingsast herab auf den Boden sah, fiel ihm auf, dass heute irgendetwas anders war.

„Diese Blumen waren doch gestern noch blau", dachte er.

„Mama", rief er, als er in die Küche kam, „ich habe dir einen Blumenstrauß gepflückt."

Tims Mama stellte die Blumen in eine Vase. „Gelbe Glockenblumen? Wo hast du die denn gefunden?"

„Unterm Apfelbaum."

„Merkwürdig. Ich kann mich gar nicht daran erinnern, solche Blumen gepflanzt zu haben."

In der folgenden Nacht war Bella immer noch krank.

„Ihr müsst die gelben Glockenblumen nochmal übermalen", ermahnte sie die Gartenzwerge. Aber Pit und Puck kicherten nur.

Am nächsten Morgen lief Tim in den Garten und kletterte auf den Apfelbaum. Diesmal waren die Blumen rosa! Er pflückte einen Strauß für seine Mama, die sie zu den gelben in die Vase stellte.

Als Trixi das Bella erzählte, stöhnte die Fee. „Ich habe doch geahnt, dass etwas schief gehen würde." Aber sie war immer noch zu krank, um arbeiten zu können.

„Mach dir keine Sorgen", sagte Trixi, „überlass das mir." Trixi befahl den frechen Gartenzwergen, die rosa Glockenblumen blau zu übermalen. Dabei behielt sie sie genau im Auge, und die Zwerge verrichteten unter lautem Murren ihre Arbeit.

„Macht schon", sagte Trixi, „sonst kommt ihr nie wieder zum Angeln oder zum Surfen!"

Am nächsten Morgen waren alle Glockenblumen wieder blau. Auch Bella fühlte sich deutlich wohler.

„Ich freue mich schon wieder aufs Arbeiten!", verkündete sie. Als Tim und seine Mutter in den Garten gingen, war alles so, wie es sein sollte. Die Glockenblumen hatten die richtige Farbe, und nirgends waren welche in Gelb oder Rosa zu sehen.

„Das waren bestimmt die Feen!", scherzte Tims Mama. In jener Nacht hörte Tim vom Bett aus lautes Lachen und Plätschern am Teich. Als er aber aus dem Fenster schaute, war nichts zu sehen.

„Vielleicht waren es ja wirklich die Feen", dachte er beim Einschlafen.

Schnüffel

In einem Dschungel, den noch nie ein Mensch betreten hatte, lebte das Schnüffelmonster. Professor Fröhlich, ein berühmter Forscher, reiste in den Dschungel, um neue Tiere zu entdecken. Als Erstes stieß er auf einen großen, bunten Vogel, der umherstolzierte und allen seine prächtigen Schwanzfedern zeigte. Dann fand Professor Fröhlich eine neue Affenart, die Socken stricken konnte. Seine bedeutendste Entdeckung machte er jedoch, als er auf das Monster stieß, das auf einem Baum saß und eine Banane aß.

Professor Fröhlich war ganz aufgeregt. Dieses Monster war intelligent! Es konnte denken wie du und ich. Professor Fröhlich war davon überzeugt, dass es klug sein musste, weil nur kluge Personen Bananen essen. Denkst du das etwa nicht? Nun, der Professor jedenfalls dachte das, denn auch er aß Bananen gern. Das Monster war ziemlich hässlich, aber so sind Monster eben. Es war groß und dick und hatte ein Fell. Selbst wenn es auf einem Tisch stand, berührten seine Fingerspitzen den Boden! Professor Fröhlich wollte das Monster seiner Frau zu Hause zeigen. Also flogen sie in einem großen Flugzeug zurück, in dem das Monster wie ein ganz normaler Passagier mitreisen durfte – nur dass es gleich drei Sitze brauchte! Die Frau des Forschers holte sie am Flughafen ab.

„Das ist das Monster, das ich entdeckt habe, Marta", sagte der Professor. „Es kann allerdings nicht richtig sprechen."

„Willkommen!" Marta hielt ihm die Hand hin.

„Wilkmann", wiederholte das Monster, ergriff ihre Hand, be-schnüffelte sie und tanzte mit ihr durch den Raum. „Bei mir wird es schon schnell sprechen lernen", versprach Marta, als sie am Professor vorbeitanzten.

Im Haus des Professors wollte das Monster in der ersten Zeit mit jedem tanzen, doch nach ein paar Wochen begann es, krank und traurig auszusehen. Es hustete, schniefte und keuchte. Sein Fell wurde stumpf, und ganze Büschel von Haaren fielen ihm aus. Ekliges Zeug rann aus seiner Nase. Den ganzen Tag lag das Monster auf dem Sofa und bemühte sich, nicht hinunterzufallen.

Wenn Marta nun zu ihm kam, wollte es nicht mehr mit ihr durchs Zimmer tanzen. „Mein liebes Monster", sagte sie, „was hast du nur?"

Das Monster hatte inzwischen ein wenig besser sprechen gelernt. „Ich bin Schnüffelmonster", erklärte es. „Ich ohne Freund aus Dschungel fortgebracht. Ich muss Freund immer bei mir haben, sonst krank. Aus Nase läuft Glibber! Mein Freund ist Taschentuch-monster."

Marta glaubte zu verstehen. „Und dieses Taschentuchmonster brauchst du, um dir … ääh … die Nase zu putzen?"

„Nein, nein, nein!", widersprach Schnüffel. „Taschentuchmonster ist Zauberer. Nur es kennt geheimen Zaubertrank, der macht, dass Schnüffel wieder tanzen kann."

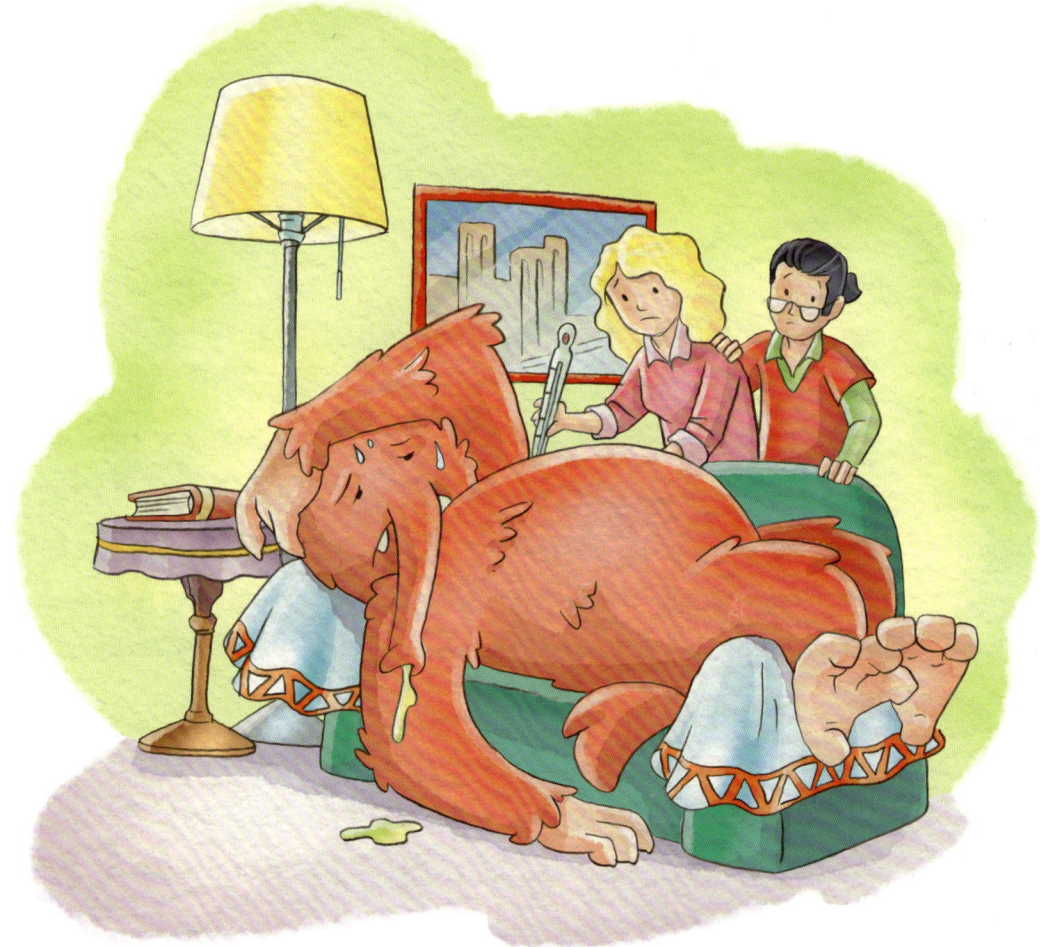

Professor Fröhlich war tief betrübt, als er erfuhr, dass er das Schnüffelmonster von seinem Taschentuchmonster getrennt hatte. Sie mussten sofort zurück in den Dschungel und das Taschentuchmonster finden, damit es Schnüffel wieder besser ging. Wenige Tage später trafen sie an der Stelle im Dschungel ein, an der früher das Zelt des Professors gestanden hatte. Plötzlich sauste etwas, das wie ein riesiger Kohlkopf aussah, durchs Gebüsch und warf sich Schnüffel in die Arme. Schnüffel stieß einen Freudenschrei aus! Der Kohlkopf und Schnüffel tanzten so lange, bis Schnüffel völlig erschöpft war. Der Kohlkopf war natürlich das Taschentuchmonster. Eilig lief es jetzt in den Dschungel zurück. „Holt Zaubertrank", flüsterte Schnüffel matt.

Das Taschentuchmonster kehrte mit einem Trank in einer Kokos-nuss-Schale zurück. Schnüffel leerte die Schale und ging sofort zu Bett. Am nächsten Morgen glänzte sein Fell, und seine Nase hatte aufgehört zu laufen. Und Schnüffel tanzte wieder mit allen! Die Wirkung des Zaubertranks war wirklich ganz erstaunlich. Professor Fröhlich wollte unbedingt wissen, woraus der Trank bestand.

„Streng geheim!", war jedoch alles, was das Taschentuchmonster dazu sagen wollte. Doch als der Professor nach Hause zurück-kehrte, fand er einen Brief vor. GEHEIMER ZAUBERTRANK – KEINEM VERRATEN stand auf dem Umschlag. Schnell öffnete er den Brief. Heraus fiel ein Foto von Schnüffel und dem Taschen-tuchmonster. Darunter stand: HEISSE ZITRONE MIT HONIG.

Cinderella

Es war einmal ein hübsches kleines Mädchen, dessen Mutter war bereits früh gestorben. Der Vater heiratete wieder, aber die Stiefmutter war eine gehässige Frau mit zwei hässlichen Töchtern. Die Stiefschwestern waren neidisch auf die Schönheit des Mädchens und behandelten es wie eine Magd. Sie wiesen ihm gar einen Platz an der Feuerstelle in der Küche zu.

Sie nannten es nur noch Cinderella – das bedeutet „Aschenmädchen".

Eines Tages luden der König und die Königin alle jungen Damen des Königreiches zu einem großen Fest ein.

Cinderellas Stiefschwestern waren sehr aufgeregt.

„Ich lege mein rotes Samtkleid an!", rief die eine Schwester.

„Und ich werde mein blaues Seidenkleid anziehen", rief die andere.

„Cinderella! Hilf uns bei den Vorbereitungen!", verlangten die beiden Stiefschwestern.

Cinderella half ihren Stiefschwestern in die seidenen Strümpfe und die Rüschenröcke. Sie bürstete ihnen die Haare und puderte ihre Wangen. Schließlich zwängte sie die beiden in ihre prächtigen Ballkleider. Doch selbst in den prächtigen Kleidern konnten sie nicht an die Schönheit ihrer Stiefschwester heranreichen.

„Wie schade, dass du nicht mit zum Ball gehen kannst!", spotteten sie.

Und wie gern wäre sie mit auf den Ball gegangen! Als die Schwestern gegangen waren, setzte sie sich nieder und weinte. „Trockne deine Tränen, Kleines!", sprach da eine freundliche Stimme. Cinderella blickte erstaunt auf. Vor ihr stand eine alte, freundlich blickende Frau mit einem Zauberstab in der Hand.

Die Fee ließ Cinderella den größten Kürbis aus dem Garten holen. Mit ihrem Zauberstab verwandelte sie ihn in eine goldene Kutsche. Und die Mäuse aus der Mausefalle in der Küche verzauberte sie in stattliche Pferde. Eine dicke Ratte wurde schließlich in einen Kutscher verwandelt.

Lächelnd schwang die Fee ihren Zauberstab noch einmal, und plötzlich stand Cinderella in einem traumhaften Ballkleid da. An ihren Füßen trug sie zierliche, gläserne Schuhe.

„Mein Zauber erlischt um Mitternacht", sagte die Fee. „Viel Glück!"

Als Cinderella auf dem Ball erschien, drehten sich alle nach ihr um. Die Gäste flüsterten, wer wohl dieses bezaubernde Mädchen sein mochte. Und selbst Cinderellas Stiefschwestern erkannten sie nicht. Als der Prinz Cinderella erblickte, verliebte er sich sofort in sie. „Würdest du mir die Ehre erweisen, mit mir zu tanzen?", fragte er.

„Mit Vergnügen, Eure Hoheit", antwortete Cinderella. Und der Prinz wusste, er hatte die Frau fürs Leben gefunden.

Schon bald aber schlug die Uhr Mitternacht.

„Ich muss gehen", sagte Cinderella, denn sie erinnerte sich an die Worte der guten Fee. Sie stürzte aus dem Ballsaal und lief eilig die Treppe aus dem Palast hinunter. Der Prinz folgte ihr, aber als er vor den Palast trat, war Cinderella bereits verschwunden. Die unscheinbare Magd mit dem großen Kürbis in der Hand, zu deren Füßen kleine Mäuse und eine Ratte umherliefen, bemerkte er gar nicht.

Aber da, auf der Treppe, lag ein einzelner gläserner Schuh. Der Prinz hob ihn auf und lief eilig zurück in den Palast. „Wem gehört dieser Schuh?", rief er. „Dem Mädchen, dem dieser Schuh passt, gilt meine wahre Liebe", verkündete der Prinz. „Ich werde im ganzen Königreich nach ihm suchen, bis ich es gefunden habe."

Nach einer langen vergeblichen Suche im ganzen Land klopfte der Prinz eines Abends bei Cinderella und ihrer Familie an. Die beiden Schwestern drängten sich sogleich eine vor die andere, um den Schuh anzuprobieren. Jede versuchte, ihren Fuß in den zierlichen Schuh zu zwängen, aber ihre Füße waren viel zu breit.

Da trat Cinderella einen Schritt vor. „Majestät", fragte sie schüchtern, „darf ich den Schuh anprobieren?"
Voller Staunen sahen die Schwestern, wie Cinderella in den Schuh hineinschlüpfte – und er passte wie angegossen!
Der Prinz schaute Cinderella in die Augen und erkannte, dass vor ihm das Mädchen stand, welches mit ihm auf dem Ball getanzt hatte. Und am Tag ihrer Hochzeit läuteten im ganzen Land die Glocken, und die Sonne strahlte mit dem Volk um die Wette. Alle feierten mit Cinderella und ihrem Prinzen. Selbst die Stiefschwestern waren zu ihrer Hochzeit eingeladen. Und Cinderella und ihr Prinz lebten fortan glücklich bis an ihr Lebensende.

Copyright © Parragon Books Ltd
Chartist House
15–17 Trim Street
Bath BA1 1HA, UK
www.parragon.com

Produktion:
Fohrmann Consulting

Illustration und Gestaltung:
Comicon, Barcelona
Eva Blank, Alexis Capera, Giovanni Castro, Jordi Fresquet,
Miriam Hidalgo, Manuel Montero, Iñigo Motxo, Miguel Sánchez,
Oriol San Julian, Ricky Zaplana (Zeichnungen)
Susan Aumann (Layout)

Übersetzung aus dem Englischen: Brigitta Hirt (Dormagen),
Anne Brauner, Kirsten E. Lehmann, Anja Seidel (Köln)

Printed in China
ISBN 978-1-4723-0936-5

Ende